JEUX CRUELS

Catalogage avant publication de Bibliothèque et Archives nationales du Québec et Bibliothèque et Archives Canada

Dion, Johanne, 1965-

Jeux cruels

(Atout; 148). Policier)
Pour les jeunes de 12 ans et plus.

ISBN 978-2-89723-675-5

I. Titre. II. Collection: Atout; 148. III. Collection: Atout. Policier.

PS8607.I643J48 2015 jC843'.6 C2015-941135-1
PS9607.I643J48 2015

Les Éditions Hurtubise bénéficient du soutien financier du gouvernement du Québec par l'entremise du programme de crédit d'impôt pour l'édition de livres et de la Société de développement des entreprises culturelles du Québec (SODEC). L'éditeur remercie également le Conseil des arts du Canada de l'aide accordée à son programme de publication.

Financé par le gouvernement du Canada
Funded by the Government of Canada | Canada

Conception graphique: Fig communication
Illustration de la couverture: Magali Villeneuve
Mise en page: Andréa Joseph [pagexpress@videotron.ca]

ISBN 978-2-89723-675-5 (version imprimée)
ISBN 978-2-89723-676-2 (version numérique PDF)
ISBN 978-2-89723-677-9 (version numérique ePub)

Dépôt légal: 3e trimestre 2015
Bibliothèque et Archives nationales du Québec
Bibliothèque et Archives Canada

Diffusion-distribution au Canada:
Distribution HMH
1815, avenue De Lorimier
Montréal (Québec) H2K 3W6
www.distributionhmh.com

Diffusion-distribution en Europe:
Librairie du Québec/DNM
30, rue Gay-Lussac
75005 Paris FRANCE
www.librairieduquebec.fr

Imprimé au Canada

www.editionshurtubise.com

JOHANNE DION

JEUX CRUELS

ATOUT

DU MÊME AUTEUR

Série *TREIZE*
Tome 1, *L'étrange monsieur Lombardi*, Montréal, Hurtubise, 2011.
Tome 2, *Terreur à la polyvalente*, Montréal, Hurtubise, 2011.
Tome 3, *Seul dans la tourmente*, Montréal, Hurtubise, 2012.

Chez d'autres éditeurs
24 heures d'angoisse, Montréal, Pierre Tisseyre, 2010.
William à l'écoute !, Ottawa, Éditions L'Interligne, 2008.
Un voyage mémorable, Montréal, Humanitas, 2008.

JOHANNE DION

Née au Québec en 1965, Johanne Dion a grandi à Montréal-Nord. Les parcs, piscines et bibliothèques du quartier ont abrité ses rêves d'adolescente. Après des études en informatique à l'Université de Montréal, elle a travaillé comme analyste dans le domaine des transports pendant près de quinze ans. Passionnée depuis toujours par les histoires sous toutes leurs formes, Johanne Dion s'est ensuite lancée dans l'écriture pour la jeunesse. L'auteure a trois grands garçons et vit à Laval depuis vingt-cinq ans. *Jeux cruels* est son septième roman.

À mon amie Lydie,
qui comprendra
tout trop bien.
Comme toujours.

1

La tête appuyée contre la porte de son casier, la jeune fille soupire en observant son sac à dos déposé entre ses pieds. Se mordillant la lèvre inférieure pour la énième fois ce matin-là, elle s'accroupit et en inspecte le contenu attentivement. Elle compte le nombre de cahiers, s'assure qu'il s'agit bien du bleu pour l'histoire, du jaune de composition française et du brun d'éthique, vérifiant que ceux-ci sont soigneusement placés entre les manuels portant sur les mêmes sujets.

Elle recompte une dernière fois ses effets scolaires, puis referme soigneusement le sac. Finalement, elle vérifie pour la troisième fois qu'aujourd'hui est bien un mercredi correspondant à un jour 9. Elle a mathématiques en première période, puis histoire et français, et enfin éthique, après le dîner.

« Éthique ? J'ai bien pris mon cahier d'éthique ? Mais oui, mais oui », se sermonne-t-elle en jetant tout de même un dernier coup d'œil à l'intérieur de son sac avant de le glisser dans son dos. Tandis qu'elle enfonce ses écouteurs dans ses oreilles, un tapotement sur son épaule la fait sursauter.

Océane se retourne, s'attendant à voir son amie Andréane, alors qu'il s'agit plutôt de Laurent, le garçon aussi beau que brillant qui occupe le bureau juste devant le sien au cours d'éthique. Tout souriant, l'adolescent lui propose de manger avec elle à la période du dîner. Réprimant de justesse un air ahuri, elle parvient à acquiescer avec un sourire confiant. Le garçon poursuit son chemin pendant que la jeune fille au cœur battant verrouille son casier. La journée s'annonce parfaite.

D'un pas presque aussi léger que le vol d'un papillon qui va de marguerite en marguerite, l'adolescente rejoint sa classe de français et s'assoit à son bureau juste avant que la cloche résonne. Elle sort son coffre à crayons qu'elle dépose, bien centré au bout de sa table de travail, puis place son cartable plus près d'elle. Extirpant un crayon à mine impeccablement aiguisé de son coffre, elle songe au lunch parfait qu'elle aura avec Christian. Tout en laissant échapper un soupir de contentement, elle remarque qu'un bout de papier dépasse sous son cartable. Il n'y était pourtant pas lorsqu'elle a déposé ses affaires.

Intriguée, elle tire sur la feuille qui n'oppose aucune résistance. Sur celle-ci, un bref message tracé de la plus belle écriture s'offre à son regard. Toute la joie qui l'habitait est aussitôt aspirée hors de son corps, la laissant tremblante. La gorge serrée, elle lève la tête vers les autres élèves pour voir si l'auteur du message prend plaisir à observer sa réaction.

La classe est concentrée sur les paroles de l'enseignante qui vient de commencer son cours. Tous vêtus d'un pantalon beige et d'un polo marine avec une fine rayure blanche à l'extrémité du col, les élèves, attentifs, se tiennent bien droits sur leurs chaises.

Cherchant son air, la jeune fille ressent maintenant les battements violents de son cœur dans ses tempes. Qui a fait ça? Qui sait? Son regard se brouille et, sur le papier, les lettres à l'encre noire semblent se soulever.

On sait où tu étais en septembre...

— Océane, est-ce que tu suis mes explications?

Incapable de répondre à l'enseignante, l'adolescente porte une main à sa gorge et, à cet instant précis, l'ensemble des élèves se retourne pour la dévisager. D'abord ceux devant elle, tous synchronisés dans un même mouvement, puis ceux installés à sa droite, suivis aussitôt par ceux de gauche. Leurs visages n'affichent aucune expression; ils ne font que la scruter d'un regard pénétrant.

Cette vision devrait l'effrayer, mais en réalité, Océane est surtout paniquée par son incapacité à respirer. Peu lui importent ces regards intrusifs; tout ce qu'elle veut, c'est réussir à prendre une bouffée d'air. Une vive crampe la saisit à la gorge. Elle doit respirer au plus vite.

Les yeux fermés, elle se sent proche de l'évanouissement ; sa tête bascule vers l'arrière, ses mains glissent sur son cou. Puis, brusquement, l'air entre à flots dans ses poumons. Océane ouvre les paupières pour contempler la douce noirceur de sa chambre baignée par un croissant de lune.

Un rêve ! Un cauchemar, plutôt. Elle respire avec soulagement, se doutant que, dans la tourmente de son sommeil, elle a retenu son souffle pendant plusieurs secondes.

Le front moite, les mains tremblantes, elle repousse quelques mèches blondes et consulte son réveil. Quatre heures vingt. Elle peut profiter de deux heures de sommeil supplémentaires.

Océane sourit. Ce n'était qu'un rêve. Elle va bien, très bien maintenant. Et, surtout, son secret est sauf. Elle peut se rendormir sereinement.

Elle se tourne de côté, remonte la couverture sous son menton, glisse une main sous sa joue et l'autre entre les barreaux de sa tête de lit. Quelques secondes plus tard, la jeune fille est déjà repartie au pays des songes.

Après une longue journée d'école et un trajet lassant en autobus, Océane pose la main sur la poignée de porte du centre d'hébergement cinq minutes avant seize heures. L'adolescente craignait d'être en retard, elle arrive cependant à l'heure prévue.

— Ulrich ! Viens ! Tu me retardes, grogne-t-elle à l'intention de son jeune frère qui traîne, quelques mètres derrière elle.

Le garçon de dix ans sourcille devant son impatience. En quelques enjambées, il la rejoint. Au lieu d'ouvrir la porte, sa sœur arbore un air sévère.

— N'oublie pas que tu dois rester tranquille, ne dérange personne. Et tu n'élèves pas la voix. Je préfère que tu ne dises rien. Le mieux serait que tu…

— Relaxe, Océane !

Les sourcils froncés, la jeune fille poursuit sur sa lancée de consignes, comme si Ulrich n'avait pas ouvert la bouche.

— … que tu restes assis devant la télé dans la salle de détente. Mais ne change pas de…

— Stop ! 4 – 4 – 8, soupire son frère avec lassitude.

Cette fois, Océane se tait tout en lui jetant un regard courroucé d'orgueil offensé. Elle déteste qu'on lui rappelle d'utiliser ses exercices de respiration pour se calmer. Le garçon profite de son silence pour reprendre :

— Je suis venu mercredi passé. Tu te souviens ? Comment j'étais ? Allez, rappelle-toi ! Tu as dit que j'avais été un ANGE.

L'adolescente se remémore que son cadet avait effectivement eu un comportement irréprochable. Elle avait pu animer son atelier de dépannage média en toute tranquillité. Après des explications sur les recherches et la réservation de livres à la bibliothèque auprès de quelques résidents, elle avait aidé madame Brilotti à envoyer des textos avec son cellulaire.

Pendant ce temps, Ulrich s'était intéressé au programme touristique qui passait à la télévision, en compagnie de trois vieilles dames. Océane avait été surprise qu'il ait attendu de sortir de la résidence avant de lui faire remarquer que leur choix d'émission était plutôt masochiste. « Admirer de splendides plages de sable blond quand on est confiné à un centre de soins prolongés, c'est un peu morbide, non ? » avait-il commenté sur le chemin du retour. À aucun moment, sa sœur n'avait regretté d'avoir accepté qu'il l'accompagne.

— Un ange, d'accord. J'ai peut-être dit ça, avoue-t-elle en décrispant ses épaules tendues. Je ne comprends quand même pas pourquoi tu préfères venir ici plutôt que d'aller aux cours de yoga de maman.

La grimace d'Ulrich est éloquente et Océane étouffe un rire tout en passant doucement la main dans les boucles châtains de son frère.

— Tu as encore grandi, Ul. Tu vas bientôt me dépasser, lance-t-elle en tenant la porte pour le laisser entrer.

L'ascenseur qui les mène au troisième étage de la résidence du Grand Chêne est moderne et silencieux. La maison de retraite, érigée depuis cinq ans dans l'ouest de la ville, abrite soixante personnes âgées en perte d'autonomie et dont l'état nécessite des soins de longue durée.

Les portes s'ouvrent sur un tintement mélodieux et les jeunes mettent pied dans un hall joyeusement décoré et actuellement désert.

Avec Ulrich à sa suite, Océane se dirige vers la salle de détente qui tient lieu de point de rassemblement pour son atelier multimédia. L'adolescente vient bénévolement passer une heure et demie trois fois par semaine pour aider les résidents avec tout ce qui touche la communication ou l'accès à l'information. Du surf sur Internet à l'envoi de textos, en passant par les twits ou l'utilisation d'un iPad pour faire des mots croisés, elle répond à tout du mieux qu'elle peut. Pour les questions plus pointues, elle a la chance de pouvoir compter sur son père, expert-conseil en télécommunication.

Ce travail, ardu bien que gratifiant, est réalisé dans le cadre d'un cours d'implication sociale de trois crédits à son école internationale. Elle en est fière, d'autant plus que ce projet est son idée personnelle. Avec quatre semaines derrière elle, il lui en reste deux autres avant d'écrire son rapport de contribution.

En tournant dans le corridor, Océane s'étonne de voir le seuil de la salle grouiller d'employés et de résidents. La secrétaire-réceptionniste, Maria, la met rapidement au courant.

— Océane, je crois que tu devras tenir ton atelier ailleurs, aujourd'hui. Il s'est produit une chute et on doit remplir un rapport d'accident. Tes résidents ont été redirigés vers la cafétéria.

— Quelqu'un s'est blessé ? questionne Ulrich, brisant ainsi la règle de silence.

— Ouais, Paul. Il n'est pas fichu de rester assis tranquillement.

La réponse provient d'un homme en fauteuil roulant. Ses larges épaules portent une tête forte aux cheveux rasés, contrastant avec les sourcils broussailleux qui coiffent son regard noir. Son ton brusque semble choquer les employés présents.

— Monsieur Gélinas, voyons ! s'offusque l'infirmière. Comment pouvez-vous dire ça ? Monsieur Talbert a voulu se rasseoir, ce n'est pas sa faute s'il a des faiblesses et si ses mouvements sont parfois trop saccadés. De toute façon, son fauteuil roulant aurait dû tenir le coup.

Le résident hausse les épaules, visiblement peu convaincu que la maladie puisse être une excuse valable.

— C'était ma meilleure partie de Scrabble à vie, souligne-t-il avec un regard frustré vers la petite table où s'étale le jeu délaissé.

Pendant que Maria annonce à la jeune fille que certains de ses élèves ont refusé de descendre à la cafétéria, Océane aperçoit l'aide-concierge de la résidence plus loin dans le couloir. L'adolescent à la chevelure sombre décoiffée balaie le plancher d'un rythme régulier qui manque de conviction. Soudain, comme s'il se savait observé, il redresse la tête et leurs regards se croisent. La jeune fille détourne rapidement le sien en se sentant rougir. Elle ramène son attention sur la conversation.

— Ulrich, au comptoir de la cafétéria, tu pourras demander un pouding chômeur. Il est délicieux. Dis-leur que c'est moi qui te l'offre.

Océane remercie Maria, gênée de tant de générosité envers son petit frère.

— Ton frère est charmant. Le plaisir est pour moi. Vraiment, insiste la réceptionniste pendant que chacun retourne vaquer à ses occupations.

Tandis qu'Ulrich se dirige vers l'ascenseur, sa sœur décide d'aller récupérer un ordinateur portable pour l'apporter à la cafétéria. Elle traverse la salle déserte et passe juste devant le fauteuil roulant renversé ; une des roulettes antibascule traîne par terre à côté du fauteuil.

« Pauvre monsieur Talbert ! Pourvu qu'il ne souffre pas trop », se dit l'adolescente pendant que son regard est attiré par les pièces de Scrabble abandonnées sur le jeu. De longs mots occupent une grande partie de la surface. Océane résiste à l'envie d'aller replacer certaines lettres mal alignées.

Arrivée devant les ordinateurs, elle saisit le premier, le débranche, puis le glisse sous son bras. Elle met la souris dans la poche de sa veste en rebroussant chemin vers la sortie où l'observe silencieusement le résident bourru.

En repassant près du fauteuil renversé, elle remarque une pièce de Scrabble coincée entre le coussin et le dossier. Du bout des doigts, elle dégage la pièce de bois dans le but de la remettre sur la table.

— Qu'est-ce que tu fais là ?

Océane lève les yeux vers l'infirmière qui, de retour à l'entrée de la salle, vient de l'interpeller durement.

— J'ai besoin d'un ordi pour mon atelier. Je…

— Il n'y a pas cinq minutes que nous avons vidé cette pièce de tous ses résidents et des employés. L'accès à cette salle est défendu.

— Oui, je sais, répond la jeune fille.

L'infirmière, une Roumaine d'âge mûr prénommée Berthe, s'offusque de sa courte réponse. Les joues de la femme deviennent d'un rouge violacé et son souffle s'emporte lorsqu'elle s'adresse de nouveau à Océane.

— Ah, tu sais ! Donc tu désobéis aux consignes !

— Non, non… J'ai juste… j'ai…

L'adolescente sent une vive chaleur monter dans sa poitrine pendant qu'elle se met à bafouiller. Elle s'en veut de s'énerver ainsi devant cette grincheuse qui l'attaque si crûment. Elle ne fait rien de mal, après tout.

— Sapristi ! Faudrait pas en faire une crise de cœur, ma vieille, lance alors le résident frustré de sa partie de Scrabble écourtée. Elle ne pouvait pas deviner que l'endroit était devenu un terrain miné. BOUM! BOUM!

Délaissant Océane, l'infirmière tourne son regard chargé de colère vers l'homme en fauteuil roulant. La jeune fille en profite pour déposer la lettre de bois sur le plateau et aller rejoindre son frère. En passant près de monsieur Gélinas, elle lui offre un sourire embarrassé. Ce n'est pas la première fois que l'acariâtre Berthe lui tombe dessus. Océane aurait beau avoir pris le temps d'expliquer davantage sa présence dans la salle, cela n'aurait rien changé au courroux de la mégère.

Dans l'ascenseur, Ulrich attend sa sœur en retenant les portes d'une main. En arrivant à la cafétéria, celle-ci constate que la majorité des résidents inscrits à son atelier ont manifestement décidé de retourner dans leurs chambres ou de s'occuper à d'autres activités. Ses seules élèves sont mesdames Dupuis et Thériault qui lui font un joyeux signe de la main pour l'accueillir.

— Te voilà, ma belle Océane! Yvon et Albert affirmaient que tu ne viendrais pas. Ce sont eux, les lâcheurs!

— Voyons, c'est sûr que j'allais être là. Chaque mardi, mercredi et jeudi, sans faute. Je vous l'ai promis. Est-ce qu'ils vous ont prévenus que l'atelier aurait lieu ici? Je ne vois pas les autres.

— Il n'y a que nous. Avec tout ce qui se passe dernièrement, cet accident a donné la frousse aux plus costauds, commente madame Dupuis, une résidente âgée arborant des cheveux d'un rouge profond qui fait ressortir ses yeux bleus pétillants.

Légèrement intriguée, Océane s'assoit tout en jetant un regard protecteur à Ulrich qui reçoit une immense portion de pouding des mains de la préposée au comptoir de nourriture.

— Pourquoi vous dites ça ? Il y a eu d'autres incidents ? demande l'adolescente en ouvrant l'ordinateur avec un léger manque d'énergie.

Elle avait prévu un plan de cours détaillé répondant à plusieurs besoins des résidents. Elle aurait donné un superbe atelier, elle en est convaincue. Mais là, pas de salle, presque pas d'élèves. Elle qui déteste tant les imprévus.

— Mais oui, il y a eu la piscine, lundi. Et puis, le journal, mardi.

— La piscine ? Le journal ? répète distraitement Océane en remarquant avec satisfaction son frère installé au milieu d'une table déserte, au fond de la cafétéria, près de la baie vitrée centrale.

Il dévore une grosse bouchée de son dessert tout en sortant son jeu vidéo. Rassurée, la grande sœur reporte son attention vers les deux vieilles dames.

— Tu n'as pas su pour la piscine ? Il y a eu un produit dans l'eau qui a causé des brûlures. C'était pendant le cours d'aquaforme que donne Élizabeth le lundi matin. Tous les baigneurs ont eu de grosses plaques rouges sur le corps.

La jeune fille écoute d'une oreille cette histoire de baignade toxique. Le concierge aura vraisemblablement mis trop de chlore, ce qui aura provoqué des réactions cutanées aux résidents à la peau sensible. Madame Dupuis en fait tout un plat ; parfois, les gens deviennent anxieux en vieillissant.

Océane tente une parole rassurante, mais cela ne fait qu'enflammer la vieille dame qui reprend avec ardeur :

— C'est ce qu'ils ont dit pour la piscine, un surdosage de chlore. Le concierge, lui, affirme que c'est impossible. Il prétend qu'on est venu fouiller dans ses affaires. Ça l'agace, le pauvre. Qu'on ose l'accuser d'avoir commis une erreur… Oh là là ! On l'a entendu marmonner tout le reste de la journée. Il était en rogne.

— Et puis, il y a eu le journal d'Élise, ajoute madame Thériault. La malheureuse était toute blanche ; elle en a eu une faiblesse.

Leur interlocutrice se dit que si elle ne parvient pas à interrompre ces gentilles dames, elle n'aura d'autre choix que d'accepter une défaite complète pour sa séance d'aujourd'hui.

— Et ce n'est pas son âge qui y change quelque chose. J'en parlais à ma fille ce matin ; elle me disait qu'elle-même aurait été traumatisée. Voir sa propre mort annoncée dans les journaux, il y a de quoi en effrayer plusieurs !

Malgré elle, Océane ne peut retenir une grimace de malaise devant cette perspective. Madame Dupuis lui raconte alors comment Élise Martel lit son journal religieusement tous les matins à dix heures trente dans la grande salle, en portant une attention toute particulière à la chronique nécrologique.

— La vieille folle prétend toujours connaître au moins une personne dont on rapporte le décès. C'est probablement faux, mais on n'ose pas la contredire. Elle n'est pas méchante. Hier matin, donc, Élise a lâché un cri perçant, puis elle s'est sentie mal et les infirmières sont venues. Elle s'est mise à s'agiter comme jamais. Tellement qu'il a fallu lui donner un calmant. Au début, on ne comprenait rien, elle était si confuse. J'étais juste à côté d'elle. C'est finalement Albert qui a pensé à regarder le journal. Quelle surprise d'y découvrir un avis de décès avec la photo d'Élise! On informait qu'elle s'était éteinte samedi dernier et on invitait famille et amis aux obsèques ce vendredi.

— C'est macabre! Qui a osé faire ça? s'offusque Océane.

Les deux femmes secouent la tête simultanément d'un rythme lent, affichant leur ignorance.

— Personne n'en a la moindre idée. Ils ont appelé sa famille qui, apparemment, allait avertir la police. Alors, tu vois, Océane, avec la chute de Paul d'aujourd'hui, les gens disent que c'est peut-être la même personne qui a comploté les trois coups.

— Les trois ? répète Océane avant de comprendre. Ah ! Le journal, le fauteuil et la piscine. Je ne pense pas, madame Dupuis. Vous ne devriez pas vous inquiéter.

Les résidentes la regardent, peu convaincues.

— Aviez-vous des questions pour moi ? continue rapidement la jeune fille. Je crois que je devrais garder ma présentation pour demain.

Madame Dupuis s'empresse de demander à son amie plus mobile qu'elle de lui sortir l'appareil photo qu'elle a apporté dans le sac de toile suspendu aux poignées de son fauteuil roulant.

— Tu serais un ange de m'aider avec l'appareil que mon garçon m'a donné l'an dernier. Je n'ai plus de place pour prendre de nouvelles photos.

— Votre carte est pleine, alors.

— Ma carte ? Si tu le dis, ma jolie, admet la vieille dame avec un sourire confiant.

Elle tend l'appareil photo à Océane qui entame des explications simples sur la minuscule carte mémoire, qui s'insère sur le côté et peut contenir des centaines d'images. La résidente, qui a passé presque toute son existence avec des dispositifs conservant une empreinte chimique sur une bobine de pellicule, se débrouille plutôt bien avec un appareil moderne.

2

— On ne restera vraiment pas longtemps, promet la jeune fille alors que l'ascenseur les dépose au troisième étage.

Avant de partir, Océane tient à remercier le résident bourru d'être intervenu en sa faveur lorsque l'infirmière l'a réprimandée. L'adolescente réfléchit même à une idée qui pourrait procurer un peu de plaisir à ce monsieur Gélinas. Et puis, c'est l'occasion de recruter un participant supplémentaire à ses ateliers.

Son frère s'impatientant à ses côtés, la jeune fille s'arrête au poste de garde pour obtenir le numéro de la chambre.

— Le pouding était délicieux, déclare subitement Ulrich à la réceptionniste qui affiche aussitôt un sourire radieux.

Un rictus plus malicieux étire le visage du garçon lorsqu'il devance sa sœur de quelques pas dans le corridor. Sans émettre de son, sa bouche prononce « Ange » à plusieurs reprises.

— Oui, oui. Je sais. Tâche de garder ce comportement angélique encore quelques minutes.

Arrivés à la 316, le frère et la sœur trouvent la porte ouverte. Océane saisit la pièce d'un seul coup d'œil. Des rideaux masculins de bon goût dans des teintes de bourgogne et de marine s'agencent au couvre-lit moelleux, adoucissant du même coup le style hôpital du lit avec ses garde-corps. Au fond se dresse une haute armoire munie de tiroirs en bas et d'étagères au-dessus. Ces dernières sont remplies de livres et de boîtes soigneusement classés. L'ensemble est à la fois sérieux et chaleureux, mais c'est l'ordre qui plaît d'emblée à la jeune fille.

— Je vais t'attendre à l'extérieur, annonce Ulrich en s'asseyant sur un banc du couloir.

— Monsieur Gélinas? s'enquiert Océane en pénétrant dans la chambre.

Le résident est installé dans son fauteuil, de l'autre côté du lit. Il a la tête penchée sur un cahier et un crayon entre les dents. Il grimace, soucieux, sans prêter attention à l'adolescente.

— En plein dans le mille: p-u-l-s-i-o-n. T'es doué avec les mots, le jeune!

«À qui parle-t-il? Pas à lui-même!» songe Océane. Les résidents du Grand Chêne ont de lourds problèmes de santé et plusieurs sont confus, mais cet homme-là a encore toute sa tête. La jeune fille n'a aucun doute là-dessus.

Un bruissement de tissu sur sa droite lui fournit la réponse: l'aide-concierge, assis dans un fauteuil près de l'entrée, se lève comme s'il était pris en défaut. Océane dissimule sa surprise initiale par un sourire poli qu'il lui rend timidement avant de s'éclipser en prétextant du travail.

— Mademoiselle Assistance Technique ! Vous cherchez quelque chose ?

Monsieur Gélinas porte enfin son attention sur elle. Pas de la manière la plus agréable, mais l'adolescente ne se laisse pas rebuter pour autant.

— Je tenais à vous remercier pour tout à l'heure. Quand l'infirmière me sermonnait parce que j'étais allée dans la salle, je...

— Cette pimbêche cherche toujours quelque chose à critiquer. Je n'ai rien fait pour vous aider, j'ai simplement dit ma façon de penser. Ce que trop peu font ici !

— Vous m'avez rendu service en lui parlant.

— Ce n'était pas mon intention.

Océane s'esclaffe. Quel homme têtu et malcommode ! Son obstination en est comique.

— Intentionnellement ou pas, vous m'avez aidée, alors merci.

Le résident exhale un bruyant soupir d'indifférence qui, bizarrement, continue d'amuser la jeune fille. Elle décide de se risquer à un peu de conversation. De toute façon, elle a fait fuir le garçon qui lui tenait compagnie.

— Vous aimez les jeux de mots ? s'informe-t-elle en avançant dans la chambre.

— Non.

Elle fronce les sourcils d'incompréhension et se met à lire à voix haute les titres des boîtes de jeux dans l'étagère.

— Boggle ! Scrabble ! Des mots croisés…

— C'est par nécessité.

— Nécessité ? Vous aimez sûrement ça un peu. Je vous ai vu plusieurs fois jouer au…

— Si j'avais le choix, je ferais autre chose de mon temps.

Soudain, Océane saisit pleinement la pensée de l'homme confiné à son fauteuil qui l'observe d'un regard dur. Elle ravale son malaise et s'empresse de présenter son idée avant d'être vertement renvoyée des quartiers du résident.

— Monsieur Gélinas, je peux vous installer un jeu de Scrabble sur votre ordinateur. C'est un logiciel public qu'on peut télécharger gratuitement. On peut le mettre sur une tablette, un bloc…

— Non.

— Pourquoi ? Vous pourriez jouer aussi souvent que vous voulez.

— Non.

— Pourquoi ? s'obstine-t-elle tout en se sentant glisser dans l'acharnement injustifié.

L'homme dans son fauteuil commence à rougir. De frustration, suppose Océane. Elle espère soudainement qu'il ne souffre pas d'hypertension qu'elle viendrait d'exacerber.

— Je suis désolée, monsieur Gélinas. Je ne devrais pas insister. Ça ne me regarde pas. Vous ne voulez pas et c'est très bien comme ça.

— Tu sais que je n'ai à me justifier auprès de personne.

Océane approuve d'un hochement de tête en prenant la direction de la porte. Elle a laissé son enthousiasme la dominer et lui faire croire qu'elle avait raison.

— J'aime bien ton cran, jeune fille. Tu as du caractère, clame soudainement l'homme avec un sourire aussi furtif qu'un éclair de fin d'orage. Seulement, je ne resterai pas dans ma chambre à jouer contre un ordinateur. Mes mains sont fonctionnelles et je préfère jouer pour de vrai. Je dois simplement me trouver un nouveau partenaire pendant que Paul se rétablit.

— Vous n'êtes sûrement pas les seuls résidents à aimer ça. Après tout, on parle de Scrabble, c'est super populaire auprès des…

— … des vieux. Dis-le, je te croyais plus brave, l'interrompt monsieur Gélinas.

— Vous ne m'avez pas laissé finir ! Populaire auprès des adultes. Ma mère y joue et elle est drôlement plus jeune que vous. Désolée, pas que vous soyez si vieux…

Au sourire de malice qu'elle perçoit dans les yeux de son interlocuteur, Océane comprend qu'il s'amuse de son malaise.

— Il n'y a pas d'autres adeptes, précise-t-il. À part Éric, mais bon, ça ne compte pas vraiment.

— Éric, le frère de Maria ?

— C'est une blague, voyons. Il ne peut pas jouer, évidemment. Et, avec cette histoire d'accidents, ça risque d'être un peu difficile de convaincre un nouveau joueur.

La jeune fille s'étonne du changement de comportement du vieil homme qui est devenu presque loquace.

— Cette histoire est ridicule, commente-t-elle. Ce ne sont que des coïncidences. Les gens vont oublier.

— Les vieux n'oublient pas si vite qu'on le croit. En tout cas, pas tous les vieux. Et je ne suis pas certain qu'il s'agisse d'incidents isolés. Le fauteuil de Paul a été vérifié vendredi dernier, tout comme le mien. Il y avait une séance d'entretien. Il aurait dû résister à ses mouvements parfois désordonnés. Et puis, cette saleté d'annonce dans le journal… Quel crétin a pu vouloir faire peur à une vieille dame ?

Océane discute encore quelques instants avec le résident que les événements récents paraissent préoccuper. Elle n'irait pas jusqu'à dire qu'il est troublé, mais certainement perplexe.

— Je vous laisse, monsieur Gélinas.

— Jean-Luc.

La jeune fille sourit.

— En tout cas, si vous changez d'idée, Jean-Luc, ça me fera plaisir de vous installer le Scrabble ou le Boggle sur… Je vous taquine.

Un clin d'œil furtif vient égayer la mine sérieuse de l'homme.

— Si tu vois le jeune, peux-tu lui dire que je veux lui parler ?

— Le jeune ?

— Celui qui aide le concierge.

— Le garçon qui était ici ? Je crois qu'il s'appelle Mathieu.

— Celui-là, oui. Dis-lui que je le cherche.

L'adolescente acquiesce en quittant la chambre de Jean-Luc Gélinas. Elle est contente d'être passée le voir. Sous son aspect rébarbatif se cache un homme intéressant.

Le corridor est désert. « Où est passé Ulrich ? » s'inquiète Océane qui se dirige d'un pas ferme vers le poste de garde. Un peu plus loin, elle est soulagée d'apercevoir son frère confortablement assis dans un des fauteuils en face des ascenseurs. Il semble engagé dans une discussion animée avec ce Mathieu qui, lui, s'affaire à vider la poubelle.

— Ulrich, tu ne m'as pas attendue ?

— Oui, sœurette. Je ne fais que ça depuis plus d'une heure, t'attendre.

L'aide-concierge, occupé à ouvrir un nouveau sac de plastique vert, ne peut retenir un gloussement devant la réponse du garçon.

— Eh bien, ça va te faire plaisir d'apprendre qu'on part !

— D'accord. Salut, Mathieu ! Je vais essayer ce que tu as dit.

L'ascenseur arrive. Les portes s'ouvrent, puis Océane se rappelle qu'elle a un message à transmettre.

— Hé, Mathieu ! Il veut te parler.

Le jeune homme la regarde avec un air d'incompréhension flagrante.

— Monsieur Gélinas, de la 316 ! Il m'a dit qu'il voulait te parler.

L'ascenseur se referme sur la mine ravie de l'adolescent.

Sur le chemin du retour, Océane tourne ses pensées vers son atelier qui n'a profité qu'à bien peu de monde ce jour-là. En fait, seule madame Dupuis a eu droit à des services personnalisés. Sa visite au centre d'hébergement aura tout de même été agréable.

Après quatre semaines, la jeune fille commence à se sentir vraiment à l'aise au Grand Chêne ; elle connaît de plus en plus de résidents et apprécie la compagnie de plusieurs d'entre eux. Océane aime sincèrement leur venir en aide. Savoir qu'elle améliore leur quotidien, que ce soit pour joindre leur famille ou se divertir, lui apporte une grande satisfaction.

Dommage que monsieur Gélinas ne veuille pas qu'elle lui installe le Scrabble sur son ordinateur ; il aurait sûrement apprécié les différents modes de jeu. Quoi qu'il en soit, l'adolescente espère de tout cœur que cette série d'incidents sera vite terminée et que, dès le lendemain, elle pourra présenter la matière prévue aujourd'hui. Ces trois événements successifs ne sont sûrement qu'une coïncidence malheureuse. Comment quelqu'un pourrait-il réellement chercher à blesser des personnes âgées, handicapées ou souffrantes ?

Pendant le reste du trajet en autobus les ramenant chez eux, Océane fait le récit des incidents à Ulrich. Son frère partage son opinion selon laquelle il ne s'agit probablement que d'un hasard. L'eau de la piscine et le bris du fauteuil auraient pu arriver n'importe quand. Ils ne semblent pas reliés au soi-disant avis de décès qui, lui, est sans contredit un événement volontaire.

— La dame a peut-être trompé un amant qui veut prendre sa revanche, propose le garçon sagement assis sur la banquette aux côtés de sa sœur.

— Je pense qu'Élise Martel a quatre-vingt-onze ou quatre-vingt-douze ans.

— Et puis ? Est-ce qu'il y a une date de péremption pour l'amour et la jalousie ?

— Ouf ! Tu ressembles vraiment trop à papa. Répondre par une question, c'est son genre à lui.

Comme ils arrivent bientôt à leur arrêt, Océane actionne l'avertisseur pendant qu'Ulrich s'empresse de passer devant elle pour descendre le premier. Une marche de dix minutes les sépare de la maison familiale.

— De quoi vous discutiez, ce Mathieu et toi ? demande la grande sœur d'un ton qu'elle veut léger, tout en évitant de poser les pieds sur les lignes creusées entre chaque dalle de ciment du trottoir.

— De toi.

Surprise, l'adolescente s'immobilise une seconde, puis reprend soigneusement son pas pour rejoindre son frère qui éclate alors d'un rire moqueur.

— Ce n'est pas vrai. Mais tu aimerais ça, hein ?

— Non.

— Menteuse !

La jeune fille doit admettre qu'elle a été ravie, un bref instant, à l'idée que Mathieu ait parlé d'elle.

— De toute façon, c'est un délinquant…

— Hé ! Tu juges vite, proteste Ulrich. Tu ne le connais même pas. Moi, en tout cas, je le trouve gentil.

Océane introduit un écouteur dans une oreille. Tout en fredonnant le dernier morceau de sa chanteuse préférée, elle repense au talent bien particulier de son petit frère : Ulrich est un détecteur de mensonges vivant. Elle en est persuadée depuis longtemps : il arrive toujours à deviner si les gens ne disent pas la vérité.

Le garçon, comme l'ont révélé plusieurs expériences que le frère et la sœur ont tenues secrètes, a la capacité de remarquer quasi inconsciemment l'embarras des gens de mauvaise foi. Et Océane se fie presque aveuglément aux impressions de son frère.

« Si Ulrich juge Mathieu sympathique, se dit-elle, ce n'est sûrement pas un criminel en formation. » Sans trop savoir pourquoi, cette pensée la réjouit. Pourtant, ce jeune à la chevelure désordonnée et aux yeux sombres n'est vraiment pas son genre. Elle aime les garçons brillants, beaux, artistes; comme Laurent et David, des élèves de sa classe, ou encore Justin, qui chante dans la même chorale qu'elle.

L'adolescente doit cependant reconnaître que ce Mathieu à la mine plutôt sérieuse l'intrigue. Elle voudrait le voir sourire de nouveau comme lorsqu'ils sont montés dans l'ascenseur. Ses yeux avaient pétillé de plaisir.

Le regard indolent, une main sous le menton, l'autre sous la nuque, un doigt entortillé autour d'une mèche de cheveux, Océane remue ses orteils dans le gazon, appréciant la sensation des brins d'herbe frais sur sa peau. Assise en bas des escaliers menant à la cour, elle pense à cette drôle d'histoire survenue à la résidence, tout en admirant le coucher de soleil qui donne des teintes rosées aux filets de nuages striant le ciel.

Une pauvre dame qui découvre son propre avis de décès. Quelle idée macabre! Comment peut-on décider de faire du mal de cette façon? «Ce n'est pas seulement méchant, c'est lâche aussi, réfléchit Océane. Juste un texte publié dans le journal. On ne s'en prend pas à quelqu'un comme ça.» Plus elle y songe, et plus elle se convainc qu'il s'agit d'un geste de pure folie et qu'il ne faut pas y chercher une explication logique.

Jean-Luc Gélinas pourrait-il avoir raison? Les incidents seraient-ils reliés entre eux et, surtout, causés par une seule et même personne?

« C'est exagéré! On n'est pas dans un épisode d'une série télévisée, mais au centre d'hébergement du quartier », finit-elle par se convaincre, pendant que sa main va et vient dans ses cheveux en tordant toujours la même mèche.

« Je devrais arrêter d'y penser et aller réviser mes leçons », se persuade la jeune fille au moment où un bruit de porte derrière elle signale une arrivée qui met fin à son moment de solitude.

— Océane! C'est bien ce que je me disais! Te voilà encore pieds nus.

L'adolescente soupire: sa mère et ses éternelles remontrances.

— Je ne suis pas dans l'herbe. Je prends juste quelques minutes, assise à relaxer.

— Alors, remonte tes pieds sur les marches. Tu vas attraper froid. Pourquoi cette manie avec le gazon? Un tapis ne ferait pas l'affaire? Et lâche tes cheveux!

La jeune fille enlève sa main de sa crinière, puis retire quelques longs cheveux blonds demeurés torsadés entre ses doigts. Elle perçoit la respiration bruyante de sa mère derrière elle.

— Je rentre dans deux minutes. Tu peux me laisser, s'il te plaît?

Le « s'il te plaît » est un peu trop accentué, ce qui produit parfois l'effet inverse, c'est-à-dire que sa mère risque de s'asseoir à ses côtés pour s'enquérir de ce qui la rend si maussade.

— As-tu pris tes médicaments ? s'informe Nathalie Clément.

— Ne parle pas si fort ! lui reproche sa fille en un chuchotement rageur. Oui, je les ai pris.

— Océane, il n'y a personne. Les voisins sont quand même loin et, avec toute la végétation, c'est...

— Je m'en fous. Laisse-moi, m'man. S'il te plaît.

L'adolescente s'exprime avec amabilité, cette fois, et au bout d'un instant, elle se retourne pour découvrir une terrasse déserte. Elle glisse de nouveau ses pieds sur l'herbe humide. Elle adore les gazons et toutes les sortes de tapis. La sensation sous ses pieds nus lui procure infailliblement un doux réconfort.

La relation d'Océane avec sa mère demeure difficile ; pourtant, elle espérait l'inverse. Depuis quelques mois, la jeune fille se sent mieux, plus détendue. Ses anciennes préoccupations perdent de leur urgence, la dérangent moins. La médication ne la fait pas se sentir très différente, seulement plus raisonnable, plus joyeuse. Ou, du moins, de meilleure humeur.

Alors que cette nouvelle donne devrait améliorer leurs rapports, ce n'est pas le cas.

Entre la mère et la fille, il ne s'agit plus de querelles explosives, mais d'une incompréhension qui, malheureusement, se creuse un peu plus chaque jour. Et quand Nathalie Clément discute haut et fort, dehors, de la vie privée de sa fille, de sa prise de médicaments, Océane doit puiser dans cette nouvelle retenue pour ne pas se mettre en colère.

Comment sa mère fait-elle pour ne pas respecter son intimité, pour ne pas deviner que de partager les détails de sa santé mentale avec le voisinage est une idée totalement aberrante ?

La jeune fille réprime un frisson. La sphère orangée du coucher de soleil a presque complètement disparu sous l'horizon. L'air est maintenant frais. « Je ferais vraiment mieux de rentrer », se dit-elle en remuant les orteils une dernière fois dans l'herbe.

3

— Bonjour, Maria !

La réceptionniste accueille Océane avec son habituel sourire affable. La femme d'âge mûr aux cheveux châtains parfaitement peignés est la personne la plus constante que l'adolescente ait jamais rencontrée. D'humeur égale, elle affiche toujours la même apparence soignée avec ses éternels cols roulés pastel portés sur des pantalons sombres. La jeune fille se demande si, à l'extérieur de son travail, Maria agit de la même façon ou si, parfois, elle se fâche ou bien éclate de rire.

— Tu viens donner ton atelier ?

Océane acquiesce de la tête en l'interrogeant aussitôt.

— Est-ce que je peux ?

— Oh oui ! La salle est à ta disposition. Seulement, j'aime mieux t'informer que tu as eu quelques désistements.

— Ce n'est pas grave. Comment va Éric ? Est-ce qu'il s'adapte un peu au centre d'hébergement ?

Pendant un instant, l'adolescente regrette d'avoir posé cette question. Elle sait que le placement de son frère handicapé a causé beaucoup d'émotions à la secrétaire. Le regard de Maria, d'une gaieté empreinte de gentillesse, s'est assombri si abruptement qu'Océane sent son ventre se nouer.

— Oui, oui, s'empresse de répondre la femme d'un ton jovial. Au moins, il a de la compagnie. Et puis, il m'a dit que la nourriture était très bonne, meilleure qu'à la maison.

L'adolescente sourit, soulagée de s'être méprise sur l'état de Maria et ravie de savoir Éric heureux. Elle s'était prise d'affection pour le frère de Maria qui avait l'habitude, jusqu'à tout récemment, de passer deux ou trois après-midi par semaine au Grand Chêne. Il n'y était pas hébergé, mais accompagnait sa sœur qui ne trouvait pas toujours quelqu'un pour le surveiller à la maison quand elle travaillait. L'homme, d'une quarantaine d'années, qui n'en paraît pourtant pas plus de vingt-cinq avec sa mine joyeuse, sa spontanéité contagieuse et ses cheveux décoiffés en permanence par sa manie de se gratter la tête, souffre d'une déficience intellectuelle lui conférant les capacités d'un enfant de huit ou neuf ans.

— Il va pouvoir se faire des amis aussi, l'encourage Océane. Et puis, du sport ; il paraît qu'ils font du basket-ball là-bas.

— Éric n'a jamais été très sportif, tu sais. Même s'il agit comme un enfant, il a quarante-quatre ans. Il aime les jeux de société, surtout.

La jeune fille demande à la réceptionniste de saluer son frère de sa part à sa prochaine visite, puis prend congé en se rappelant qu'Éric adorait effectivement les jeux de société. Il pouvait d'ailleurs rester tranquille pendant des heures à observer une partie de Scrabble. Elle l'avait vu à l'œuvre lors de l'un de ses ateliers, la semaine avant son départ obligé vers le centre d'hébergement.

Comme elle chemine vers la salle qu'on lui a attribuée, Maria l'interpelle de nouveau pour lui faire part d'un message du résident revêche de la veille.

— Monsieur Gélinas veut te parler. Je lui ai rappelé l'heure de ton atelier, mais il a dit qu'il devait faire une sieste. Bref, s'il ne vient pas te voir, n'hésite pas à aller cogner à sa porte. C'est la chambre 316.

Étrange que le vieil homme désire lui parler ! Que peut-il bien lui vouloir ?

La salle, joyeusement ensoleillée, n'est pas déserte comme la veille, sans être toutefois très peuplée. Deux femmes, plus endormies qu'attentives, sont installées devant le poste de télévision. Le son de l'appareil à peine audible confirme à Océane qu'elles ne peuvent réellement suivre le roman-savon de fin d'après-midi. Un résident sourd passe le temps en jouant aux cartes, il fait des réussites, sur l'unique table utilisée, les autres demeurant inoccupées.

Ses élèves l'attendent près des ordinateurs, alors que Mathieu, l'aide-concierge, a pour une fois déposé son balai, le temps de ranger les boîtes de jeux de société sur l'étagère haute et étroite qui trône entre les deux larges fenêtres.

À son entrée, la jeune fille a brièvement croisé le regard du jeune homme. Pas de sourire ni de signe de tête de sa part. Il n'a peut-être pas envie de la saluer. Peut-être est-il trop timide ?

— Mathieu ! Est-ce que tu as fait le couloir ouest ?

— Oui, je viens juste de le terminer, confirme l'adolescent.

— Eh bien, recommence ! Parce que j'aurais juré que personne ne l'a balayé depuis un mois.

Océane devine que Mathieu ne lui a rien dit parce que le concierge entrait dans la salle derrière elle. L'homme, petit et trapu, a une voix vibrante d'assurance qui tranche avec son regard fuyant et légèrement louche. L'autorité qu'il exerce sur son employé semble servir d'exutoire à ses propres frustrations.

— Tu as compris, le jeune ?

— Ouais.

— Ben alors, réponds !

« Quel *boss* exécrable ! Insupportable ! À la place de Mathieu, je lui dirais ma façon de penser. » L'adolescente s'efforce de ne pas fixer le concierge avec le mépris qu'elle ressent.

— Ouais, j'y retourne, confirme le garçon d'une voix neutre en récupérant son balai.

En quittant la salle, il doit presque frôler Océane demeurée bêtement sur place à le prendre en pitié. Devinant probablement ce sentiment dans les yeux de la jeune fille, l'adolescent, condamné à des travaux communautaires pour une raison qu'elle ignore, prend soin de ne pas relever les siens.

Retournant à ses propres responsabilités, la jeune bénévole se dirige vers ses élèves. Elle n'en a que trois, alors que le mercredi précédent, elle avait atteint les sept participants avec fierté. Après les salutations d'usage, elle commence sa séance avec la présentation prévue pour la veille qui visait à augmenter leurs connaissances quant aux outils disponibles pour trouver de l'information ou du divertissement en ligne. Elle est cependant vite interpellée par un élève.

L'homme qui, malgré son âge avancé et ses handicaps physiques, possède une bonne vivacité d'esprit, désire surtout de l'aide pour utiliser les moyens dont il dispose déjà. Il a des problèmes pour joindre son frère qui vit en Allemagne et souhaite communiquer avec lui par Skype. Ce logiciel gratuit offre la possibilité non seulement d'entendre son interlocuteur comme au téléphone, mais également de le voir. Étant donné qu'Océane l'utilise régulièrement pour communiquer avec sa tante demeurant au Brésil et qu'elle l'a installé elle-même sur son ordinateur, elle lui promet de garder du temps pour Skype. Lorsqu'elle reprend sa présentation, c'est au tour d'un autre résident de l'interrompre.

— J'espère que tu pourras me montrer comment fonctionne mon nouveau téléphone cellulaire que ma fille m'a laissé. Et j'aimerais aussi avoir ce Skip. Ça a l'air amusant.

— Skype, le reprend l'adolescente tout en se rendant compte que l'intérêt pour son beau cours théorique est inexistant. Préférez-vous qu'on regarde d'abord vos problèmes ?

Les yeux des participants s'arrondissent.

— Quelle bonne idée ! s'enthousiasme une vieille dame.

— S'il nous reste du temps, je vous montrerai un super outil tout nouveau…

Océane laisse sa phrase en suspens, l'espoir de présenter sa matière s'envolant seconde après seconde.

Toc, toc, toc.

— Entre, clame une voix forte à travers la porte.

— Avez-vous bien dormi ? demande Océane en pénétrant dans la chambre de monsieur Gélinas.

— Est-ce que j'ai l'air d'avoir dormi ? riposte l'homme avec son habituelle répartie délibérément brusque.

— Maria m'a dit que vous faisiez une sieste.

— C'était seulement une diversion. Je n'en ai rien à faire de dormir le jour ; je n'ai ni deux ans ni quatre-vingt-deux.

Le résident a le don de la désarçonner. Elle a toujours l'impression de ne le comprendre qu'à moitié et de courir un risque en demandant des précisions.

— Une diversion? Pourquoi? se hasarde-t-elle.

— Pour discuter à l'abri des oreilles indiscrètes, ou plutôt inquiètes.

Prétendre faire une sieste pour parler en catimini, cela n'a aucun sens pour la jeune fille qui observe l'homme assis bien droit dans son fauteuil roulant immobilisé au milieu de sa chambre. Elle préfère ne pas insister et décide de passer outre à ses excentricités.

— De quoi vouliez-vous me parler?

— Oui, j'y arrive. Où est-il? ajoute monsieur Gélinas d'un air fâché en faisant avancer son fauteuil trop vivement vers l'entrée, accrochant au passage le siège d'appoint.

L'adolescente écarquille les yeux d'incompréhension: le vieil homme est peut-être plus perdu qu'elle le croit. Un sourire de malaise étire sa bouche pendant qu'elle réfléchit à une manière de prendre congé.

— Je dois retourner chez moi. J'ai...

— Voyons! Je ne t'ai même pas dit de quoi je voulais te parler! Ça ne va prendre que cinq minutes. Si tu ne les as pas, tu n'es peut-être pas la bonne personne.

Océane laisse échapper un profond soupir de découragement tandis que la porte s'ouvre dans son dos.

— Désolé, Jean-Luc. Jules voulait encore m'arracher la tête pour un coin oublié, lance le nouvel arrivant en s'affalant dans le fauteuil.

La jeune fille est demeurée coite en voyant Mathieu pénétrer dans la chambre et prendre ainsi ses aises.

— Ce concierge est une vipère. Il prend plaisir à malmener les gens pour des insignifiances. Tu es mieux de ne rien dire, sinon tu vas le payer très cher, conseille le vieil homme à l'adolescent avec un ton presque paternel qui ne paraît pas offusquer son interlocuteur.

Océane n'y comprend plus rien et sent que sa patience tire à sa fin. Heureusement, Jean-Luc Gélinas lui accorde à présent toute son attention.

— Il y a eu un nouvel incident et je n'ai plus de doute qu'un idiot s'amuse à faire peur aux résidents. Noëlla Ledoux, de la 313, a reçu un appel téléphonique. Une supposée infirmière de l'hôpital Mémorial voulait lui annoncer la mort de son fils et de sa belle-fille.

— Madame Ledoux, je la connais. Pauvre elle ! Vous pensez que c'est encore une blague cruelle ? Est-ce que quelqu'un a vérifié ?

— Oui, Noëlla elle-même. En fait, c'est plutôt que la mauvaise plaisanterie est tombée à plat… grâce à toi.

— À moi ? s'étonne l'adolescente.

— Elle a dit "grâce à Océane", confirme Mathieu en osant la regarder directement, un sourire franc sur les lèvres.

Monsieur Gélinas lui explique alors que depuis la semaine précédente, la vieille femme échangeait des textos quotidiennement avec son fils et savait que celui-ci était parti la veille en République dominicaine avec sa femme. Il lui avait fait part de la température locale moins de trente minutes avant l'appel mesquin. Son fils et sa belle-fille ne pouvaient donc avoir été tués dans un accident de la route pendant l'heure de pointe du matin, comme l'avait prétendu la soi-disant infirmière.

— C'est toi qui lui as appris comment envoyer des textos et elle t'en est drôlement reconnaissante. Je suis content qu'elle n'ait pas été effrayée, n'empêche qu'on se retrouve avec un gros problème. C'est le quatrième incident consécutif ! Fini les coïncidences !

— Je ne veux pas vous contredire, mais il s'agit peut-être d'une erreur. Madame Ledoux est âgée. Est-ce que quelqu'un d'autre a entendu l'appel ?

— Elle a encore toute sa tête, réplique sèchement le résident. Elle a dit que la voix était étrange, comme modifiée. Aussitôt qu'elle a répondu que c'était impossible, la personne a raccroché. Cet appel était intentionnel et avait pour but de l'inquiéter, pas de la traumatiser.

— D'accord, monsieur Gélinas, mais en quoi est-ce que ça me concerne ?

— Je t'ai déjà dit de m'appeler Jean-Luc. Oui, bien, vois-tu, ici, ils se contrefichent de ce qui se passe ! Ils ont dit à Noëlla de ne pas alarmer les gens avec cette histoire, qu'il s'agissait d'une simple erreur. Ils lui ont donné un calmant et ont tiré un trait sur l'événement. C'est révoltant!

Océane approuve d'un signe de tête, toujours curieuse de comprendre la raison de sa présence.

— Et pas question de se laisser faire. Alors, j'ai pensé à vous, à toi. Tu es quelqu'un qui veut aider, n'est-ce pas?

— Oui, seulement je viens assister les gens dans leur utilisation d'appareils technologiques.

— Et cette histoire t'en empêche. Combien avais-tu de participants aujourd'hui?

— Euh… trois.

Le vieil homme tend la main droite d'un geste qui signifie que la preuve est faite. Pourtant, Océane n'a toujours pas compris. Elle a bien une petite idée qui commence à se former, mais le doute persiste en elle.

— Je ne peux rien y faire. Quoique je pourrais offrir d'aller voir les gens dans leur chambre au lieu qu'ils aient à se déplacer.

La jeune fille se tait. Elle observe l'homme qui, maintenant, a la bouche soudée en une ligne mince, puis elle tourne des yeux interrogateurs vers Mathieu. Jean-Luc Gélinas a indiqué avoir pensé à eux. Donc, également à ce garçon qui fait rouler une pièce entre les doigts de sa main gauche tout en écoutant attentivement la conversation.

— Jean-Luc aimerait qu'on lui donne un coup de main avec cette histoire, précise au même moment l'adolescent. C'est sûrement quelqu'un d'ici. Pas le choix. On pourrait l'aider à trouver le coupable, tout en accomplissant nos tâches. Moi, l'entretien, et toi, tes cours.

— J'ai déjà ma petite idée sur qui serait assez lâche pour s'attaquer à des plus faibles, renchérit Jean-Luc.

Océane hésite. Elle ne veut pas avoir l'air égoïste, car ce n'est vraiment pas le cas, mais cette situation préoccupante – si effectivement il existe une réelle problématique – ne lui paraît pas de leur ressort.

— Vous avez sûrement entendu des histoires de mauvais traitements infligés à des personnes âgées, poursuit le vieil homme. Même si quelques-unes se rendent jusqu'aux médias, la majorité d'entre elles sont balayées sous le tapis. Les résidents sont impuissants.

— Mais vous recevez de bons soins ici, non?

— Moi, oui. Ce qui se passe pour chacun, je ne pourrais pas le garantir. Je dirais que la moitié des gens, ici, sont en perte cognitive, pour parler comme les médecins. C'est ça, en plus de nos limitations physiques respectives.

— Avez-vous essayé d'en discuter avec quelqu'un de la direction? demande Mathieu.

— Ils savent déjà tout.

— Ils sont peut-être à la recherche du coupable. C'est juste qu'ils évitent d'en parler pour ne pas vous alarmer, suggère l'aide-concierge en continuant de faire habilement tourner la pièce entre ses doigts.

— Personne ne nous pose aucune question, en tout cas. De toute façon, on s'entend que c'est probablement un employé.

Toujours réticente, Océane les écoute silencieusement.

— Alors, est-ce que ça vous tente qu'on règle ça? les presse Jean-Luc Gélinas depuis son fauteuil roulant, l'œil vif et les bras prêts à donner de bons coups de roue.

Les deux adolescents se regardent un instant sans rien dire.

— Pour moi, il n'y a pas de problème. Balayer n'est pas très exigeant. Si je peux aider quelqu'un en même temps, tant mieux, déclare le garçon en déposant finalement la petite pièce qu'il manipulait.

Ce qu'Océane avait pris pour une pièce de monnaie est en fait une pièce de Scrabble. La lettre **B** repose maintenant sur le coin de l'étagère, dérangeant la parfaite symétrie de son rangement.

— J'embarque aussi, se décide-t-elle sur un coup de tête, ce qui n'est vraiment pas dans ses habitudes. Après tout, mon but est d'aider. Ce n'est sûrement pas mal de garder l'œil ouvert et de poser quelques questions.

— Non, ce n'est pas mal, bien au contraire. Par contre, tout ce qu'on se dit ne doit pas sortir d'ici. Jusqu'à ce qu'on en décide autrement, tout le monde est suspect.

Les deux jeunes approuvent en chœur.

— Bon, j'y ai songé toute la journée et voilà comment je pense qu'on doit se séparer la tâche, indique Jean-Luc après avoir fait signe à Océane de s'approcher.

Durant le quart d'heure suivant, le trio dessine un canevas précis de ce qu'ils veulent accomplir au plus vite. Tout d'abord, questionner les personnes impliquées dans les incidents. Ce travail va surtout revenir à Océane et à Jean-Luc. Mathieu, lui, tentera d'obtenir un peu d'informations du concierge et des autres employés, sans éveiller de soupçons. Ce ne sera pas une mince affaire, même si l'adolescent, confiant, affirme avoir le don d'être discret.

— À mon avis, ce qui semblera le plus suspect, c'est de venir vous voir, avance la jeune fille en tordant une mèche de cheveux de sa nuque.

— Pas pour toi ; tu pourrais dire que tu m'aides pour un logiciel. D'ailleurs, tu devrais réellement passer à une assistance individuelle : tu couvrirais plus d'endroits. Il reste Mathieu ; je ne peux pas faire chaque jour un dégât.

— Vous cherchez toujours un partenaire de Scrabble ?

Le visage du vieil homme s'illumine.

— Est-ce que tu sais jouer ? Vraiment ? Est-ce que tu es bon ? l'interroge-t-il presque fébrilement.

L'aide-concierge raconte qu'il s'y adonnait deux ou trois fois par semaine avec sa grand-mère, de la troisième année du primaire jusqu'à son entrée au secondaire. Au retour de l'école, elle lui préparait une grosse collation et il jouait toujours une partie avant de faire ses devoirs.

— Formidable ! s'écrie Jean-Luc.

Océane se demande si ce subit élan de joie tient au fait d'avoir trouvé un partenaire expérimenté ou à la couverture crédible qui justifiera les visites de Mathieu.

— Alors, tu dis que tu adores le Scrabble et tu allonges un peu ton temps ici parce qu'évidemment, Jules ne te laissera pas jouer pendant tes heures de travail.

— J'ai droit à une pause de quinze minutes, et puis, je peux passer après ou avant. Je travaille normalement de quatorze heures trente à dix-sept heures tous les jours.

— Tu termines l'école si tôt ! commente Océane.

— Ouais. Bon, je viens justement de prendre une énorme pause. Jules doit me chercher. Faut que j'aille laver le sol autour de la piscine. On se revoit demain à la même heure ?

Le trio décide de faire le point sur l'information que chacun aura recueillie à seize heures trente le lendemain. Sur proposition d'Océane, Mathieu et elle s'échangent leurs numéros de cellulaire.

— On est mieux de toujours sortir d'ici séparément, mentionne le jeune homme en se dirigeant vers la porte.

— Tu oublies ta lettre de Scrabble, lui rappelle l'adolescente en allant la récupérer sur l'étagère.

Mathieu rebrousse chemin.

— Ouais, Jules l'a trouvée à la cafétéria et m'a blâmé, comme si j'en étais responsable. Je dois la ranger dans le...

— Laisse, propose Océane en refermant sa main sur la pièce de bois au moment où les doigts du garçon viennent l'effleurer. Je dois retourner dans la salle, je vais la ranger.

L'aide-concierge lui sourit.

— Merci.

Puis, lorsqu'il ouvre la porte, Jean-Luc déclare d'un ton presque jovial:

— Désolé pour ce dégât. Je suis plein de pouces.

Mathieu se retourne et un air interrogateur anime un instant ses traits avant de disparaître sous un franc sourire.

— Ben, de rien. Content de vous avoir dépanné.

La porte se referme et Océane se réjouit de l'humeur si radieuse du vieil homme. Les activités d'une vie normale lui manquent sans doute terriblement. Cette enquête lui donne sûrement le sentiment d'être utile. Quelle profession pouvait-il exercer avant sa retraite? Comme il se fait tard, elle choisit de remettre ces questions à une autre fois et, après un au revoir sincère, elle quitte à son tour la chambre 316.

4

Océane observe son père occupé à conduire la Honda familiale. Pierre Beauchamp est un homme au physique imposant et à l'allure soignée. Une abondante chevelure brune striée de quelques fils d'argent, des lunettes bourgogne à monture épaisse lui donnant beaucoup de caractère, des bras forts dans son complet de laine gris ardoise et, finalement, ses mains.

La jeune fille adore les mains de son père, larges comme des pattes de grizzli, soignées comme celles d'un mannequin de magazine. Océane pouvait faire disparaître ses deux menottes dans une seule de ces mains lorsqu'elle était petite. Encore aujourd'hui, elle s'amuse régulièrement à étirer ses doigts dans la paume paternelle, le taquinant chaque fois qu'elle le rejoint presque.

— P'pa, penses-tu qu'un jour mamie et papi pourraient se retrouver dans une résidence ? Quand ils seront trop vieux ou trop malades ?

— Pas si je peux le leur éviter.

— Tu crois que c'est vraiment effrayant de vivre là-bas ?

— Non, ce n'est pas ça. Et puis, je sais que plusieurs s'y plaisent. Seulement, je considère que c'est mon devoir de leur permettre de vivre en couple ou en famille le plus longtemps possible.

— Aurais-tu peur qu'ils subissent de mauvais traitements ?

Pierre Beauchamp demeure un instant silencieux, concentré sur la circulation, avant de répondre avec un sourire confiant.

— Tu sais que je préfère croire en la bonne nature des gens. De toute façon, résidence ou non, quand la famille reste unie et présente, il y a moins à craindre. Les personnes seules sont plus à risque. Qui sait ce qui peut arriver ? On entend parfois des histoires sordides.

— C'est certain que les gens âgés sont des victimes faciles, reconnaît Océane.

Son père ralentit à l'approche de l'école. Il aperçoit un espace qui se libère au début de la zone de débarquement et s'y faufile.

— Est-ce que ton atelier média va comme tu veux ?

L'adolescente acquiesce distraitement en s'emparant de son sac à dos. Son père ayant tendance à lire en elle assez facilement, elle veut éviter de lui laisser percevoir dans ses yeux l'incertitude et même l'inquiétude qu'elle commence à ressentir à propos des récents événements survenus au Grand Chêne.

— Tu devais me poser des questions techniques, non ? Moi qui me croyais indispensable, me voilà devant la triste réalité que l'élève a dépassé le maître.

— J'ai une question, mais je n'ai pas eu l'occasion de te la poser hier. Ce soir, après le souper, si tu as du temps ?

— Pour toi ? Toujours.

Tout en s'extirpant de la voiture, Océane remercie son père de l'avoir déposée à l'école et lui souhaite une bonne journée.

— À toi aussi, ma belle. En passant, tu resplendis depuis quelques jours. Aurais-tu du nouveau dans ta vie ?

Elle grimace un sourire gêné.

— Tu sais très bien ce qui me rend plus relax.

— Je ne parlais pas de ça. Non, je pensais à un membre de la gent masculine, insiste Pierre Beauchamp en lui décochant un regard moqueur par-dessus ses lunettes.

— Personne, p'pa. Bye !

« Il se prend vraiment pour un devin ! Moi, différente ? Je suis pourtant pareille », réfléchit Océane. Sans contredit, la médication lui convient ; elle la rend plus raisonnable.

« Peut-être que je suis un peu plus dans ma bulle cette semaine, avec tout ce qui se passe au Grand Chêne. Ces étranges attaques contre les résidents... Et puis, c'est vrai que j'ai aussi pensé à Mathieu. Un peu... juste un peu. »

— Il s'agit d'une urgence, ma belle. Je suis désolée du contretemps. Rends-moi ce service, s'il te plaît !

— Une urgence ! répète Océane qui n'en croit pas ses oreilles.

Ça n'existe pas les urgences, en pâtisserie. Les desserts sont complètement facultatifs. Un pur luxe, un vice même ! Comment sa mère peut-elle avoir une urgence qui l'oblige à travailler plus de huit heures d'affilée et à lui demander encore de s'occuper d'Ulrich ?

— Tu disais avoir choisi cet endroit justement pour l'horaire de travail. Que de sept heures à quatorze heures ! C'était l'arrangement idéal !

— Océane, s'il te plaît ! Ce n'est pas comme si je ne faisais pas beaucoup de…

— Ah ! D'accord, l'interrompt l'adolescente. Je m'en charge.

Elle marmonne un « Bye », puis elle coupe la communication. Elle s'est soudain rappelé les ennuis qu'elle a causés à sa famille l'été précédent, avant de commencer la médication pour maîtriser son anxiété. Durant des mois, ses parents l'ont accompagnée à plusieurs rendez-vous, en plus de s'investir dans des rencontres familiales hebdomadaires avec une travailleuse sociale. Elle a de bons parents et, si elle n'était pas si compliquée, rien de tout cela n'aurait été nécessaire pour réussir à maintenir l'harmonie à la maison.

C'est maintenant à son tour de donner de son temps, et Océane n'a pas à s'en plaindre. Seulement, parfois, elle l'oublie et agit comme une adolescente de treize ans normale, préoccupée par sa propre personne.

— Ça va ? la questionne son amie Andréane avant d'engloutir une bouchée de sa pizza.

— Ouais, c'était juste ma mère qui me demandait un service.

Son cellulaire dans la poche, Océane saisit sa pointe toute garnie à deux mains. Le bistro où elles viennent manger le vendredi midi est plein. Le propriétaire de l'endroit a une patience en or pour tolérer tous ces adolescents qui s'excitent pour avoir leur pizza, le supplient de leur faire crédit pour les quelques sous manquants ou se plaignent que les canettes de liqueur ne sont pas assez froides.

Les deux amies sont installées à une minuscule table au fond du commerce, dans un nuage de chaleur humide.

— Je dois passer prendre Ulrich cet après-midi avant d'aller à la résidence.

Andréane la regarde avec surprise.

— Je croyais que tu y allais du mardi au jeudi.

— Bah, je n'ai pas pu donner mon atelier mercredi, alors je me suis arrangée pour y retourner aujourd'hui.

Son amie lui fait une moue légèrement boudeuse.

— Toujours aussi zélée ! Tu vas probablement obtenir la meilleure note en cours d'implication sociale. En tout cas, ce n'est pas moi qui ferais des heures de plus pour aider mes petits mômes allophones à apprendre leurs leçons. C'est un stage pénible ! J'aurais dû choisir autre chose que ces ateliers d'aide aux devoirs.

Océane s'efforce d'offrir un commentaire compatissant à son amie, complètement découragée par son séjour dans une classe de première année du primaire. Mais l'attention de la jeune fille se relâche ; que va-t-elle bien pouvoir faire d'Ulrich à la résidence, car en plus de son atelier, elle a maintenant une enquête à mener ?

— Je pourrais tellement me garder tout seul ! gémit Ulrich.

— Tellement pas ! On reviendrait à la maison pour te retrouver le ventre gonflé comme une montgolfière. Maman serait obligée d'aller à l'épicerie pour remplir de nouveau le garde-manger dévalisé, ce qui repousserait le souper à au moins vingt heures.

— Tu ne devrais pas te moquer de ma gourmandise.

« D'autant que toi, tu ne t'es jamais moqué de toutes mes manies, complète Océane dans sa tête. Il a raison », regrette-t-elle. Elle passe une main affectueuse dans les boucles de son frère.

— Désolée. Je voulais juste te faire sourire. Au fond, je pense que tu te débrouillerais très bien ; seulement, maman ne peut pas te laisser. Légalement, tu es trop jeune à dix ans pour rester seul à la maison.

— C'est idiot, conclut-il en pénétrant dans l'édifice par la porte tenue ouverte par sa sœur. Et en plus, je n'ai pas mon iPod.

— Je te prête mon cellulaire, si tu veux. Il y a plusieurs jeux dessus.

— As-tu la dernière mise à jour d'Angry Bird ?

— Oui, je l'ai téléchargée hier. Alors, tu pourras rester dans la grande salle avec la télé. Moi, je vais probablement passer voir les gens dans leur chambre.

— Tu ne fais plus ton atelier ? s'informe son frère alors que les portes de l'ascenseur s'ouvrent pour laisser sortir deux policiers en uniforme.

Les yeux du garçon fixent le gilet pare-balles de l'agent le plus proche, puis s'attardent sur l'arme du deuxième. En passant entre le frère et la sœur, celui-ci a presque frôlé le nez d'Ulrich de son revolver.

Océane agrippe son frère par la manche de son coupe-vent pour qu'ils s'engouffrent dans l'ascenseur avant que les portes se referment.

— Tu as vu leurs *guns* ? Ouf, c'est pas du petit modèle ça !

— Je me fous pas mal de leurs armes. Ce que je me demande, c'est ce qu'ils faisaient ici, s'interroge tout haut la jeune fille avant de songer qu'elle ferait mieux de garder ses questions pour elle.

Heureusement, Ulrich, ébahi à la vue des représentants de l'ordre public, ne semble pas l'avoir entendue.

— Je veux être policier plus tard.

— Je croyais que tu voulais étudier en biologie animale.

— Ouais, ça aussi…, réplique le garçon, le regard un peu perdu.

Aussitôt parvenus au troisième étage, les jeunes sont interpellés par Maria, la réceptionniste.

— Bonjour, Océane! Ulrich, tu es revenu nous voir! Comme c'est gentil! Est-ce le pouding qui te manquait?

— C'est certain qu'il était très bon, répond le garçon, une petite lumière de gourmandise allumée au fond des yeux.

— Tu sais où se trouve la cafétéria. Si ta sœur est d'accord, rien ne t'empêche d'aller te sucrer le bec de nouveau.

Océane est ravie. C'est bien mieux que d'avoir son frère qui patiente pendant toute la durée de son atelier. Elle s'entend avec Ulrich pour qu'il mange sa collation, puis remonte dans la salle. Le garçon s'engouffre dans l'ascenseur demeuré à l'étage et disparaît la minute suivant leur arrivée.

— Merci, c'est gentil. C'est long pour lui de m'attendre.

— Ça me fait plaisir. Ton frère est si mignon!

La jeune fille sourit, cherchant une façon de profiter de l'absence d'Ulrich pour obtenir plus de renseignements.

— On a croisé des policiers dans l'ascenseur en montant.

— Ah, oui ! Il ne faut pas vous tracasser. Un petit incident dans la 309. Rien de grave.

— Un nouvel accident avec un résident ?

— Un accident ? Non, non. Rien de grave. Tu peux utiliser la grande salle.

« La réceptionniste est plutôt évasive », constate Océane. Soit elle n'est pas au courant de ce qui est arrivé, soit elle juge que l'adolescente n'a pas à être informée. D'une manière ou d'une autre, la jeune fille ne fera rien d'autre que d'éveiller les soupçons si elle insiste.

— Maria, j'aurais besoin d'une faveur. Puisque j'ai surtout des demandes particulières qui exigent souvent des explications d'un quart d'heure ou plus, je pense que ce serait mieux que j'aide chacun séparément. Je veux changer le format de mon intervention. C'est pour maximiser ma contribution. Mon professeur m'encourage à le faire, il appelle ça de l'adaptation. J'ai préparé une feuille où les résidents pourront s'inscrire et indiquer leur numéro de chambre.

— Bonne idée !

— Est-ce que je peux la fixer au babillard ?

— Oui. Mets ta feuille assez bas ; ils sont presque tous en fauteuil roulant. J'irai accrocher un crayon quand j'aurai deux minutes. Là, je suis débordée.

Effectivement, le bureau de Maria est encombré de dossiers. Océane s'esquive en la remerciant.

Un coup d'œil à sa montre lui apprend qu'elle dispose d'un peu plus de huit minutes avant le début de l'atelier, si atelier il y a, évidemment. Au lieu de se rendre dans la grande salle, elle s'enfonce d'abord dans le corridor menant à la chambre de monsieur Gélinas, en espérant qu'il ait des renseignements sur l'intervention des policiers.

Ses coups à la porte sont accueillis par un « Entrez ! » tonitruant de frustration.

— Bonjour, monsieur Gélinas !

Le résident, qui sort de la salle de bain, a coincé son fauteuil dans la marchette placée le long du mur. Quand l'adolescente fait un pas pour lui venir en aide, l'homme lève une main dissuasive. Il recule doucement et s'écarte afin d'éviter l'objet.

« Quel homme orgueilleux ! » observe de nouveau Océane en lui souriant.

— Je t'ai déjà dit de m'appeler Jean-Luc. C'est plus court.

— D'accord. J'ai juste cinq minutes. Est-ce qu'il y a eu un autre incident ?

— Qu'est-ce que tu crois ?

— Je pense que oui, puisque j'ai vu des policiers en montant à l'étage, réplique Océane tout en avançant pour redresser la marchette et la replacer le long du mur.

Une moue significative lui confirme que son interlocuteur est au courant de nouveaux éléments. Il prend le ton de la confidence pour lui brosser un tableau très succinct, quoique révélateur, de l'épisode de la chambre 309.

La 309 est une chambre pour deux personnes, les résidents sont un couple marié. C'est rare en centre d'hébergement. Souvent, l'un des conjoints perd ses capacités bien avant l'autre. Bref, les Brosseau sont l'exception. La femme est atteinte d'Alzheimer, mais elle reste mobile et plus en forme que son mari. Lui souffre d'une démence précoce en plus de problèmes physiques sévères. Il est maintenu dans un fauteuil roulant en permanence, même s'il peut encore marcher, parce que sinon, il accumule les chutes.

Monsieur Brosseau n'accepte pas du tout cette situation. Il passe la moitié de ses journées à se plaindre pour qu'on lui retire la ceinture de contention qui le retient à son fauteuil. Il est irritable, se fâche pour un rien et envoie régulièrement sa femme chercher l'infirmière.

— Il n'est vraiment pas un cadeau. Ils devraient augmenter sa médication. Ne me regarde pas comme ça; il ne faut pas juste penser à lui. On a tous droit à un peu de tranquillité. En tout cas, aujourd'hui, il a eu ce qu'il voulait, le vieux. Des ciseaux! Sa femme lui a trouvé des ciseaux et, après avoir réussi à couper la ceinture, ils sont allés dans la grande salle. Et là, il a commencé à faire une scène. Lorsque l'infirmière est intervenue, tu sais, la grosse Berthe, il l'a menacée avec la paire de ciseaux. Les gens étaient apeurés. Et puis, quelqu'un a appelé la police.

— Et vous pensez que c'est relié aux autres cas ?

— Oui.

— Comment ?

— Les ciseaux. Ils n'ont pas de ciseaux. Où est-ce que la vieille a pris les ciseaux ? Ils sont habitués ici, il y a des politiques. Ce genre d'équipement ne traîne pas partout, la clientèle risquerait de se blesser.

— Vous n'avez pas de ciseaux, vous ?

— Seulement des petits pour les ongles.

— Elle les aurait donc pris dans une autre chambre...

— De gros ciseaux pointus ! J'en doute. Peut-être... Peut-être aussi qu'on s'est arrangé pour qu'elle mette la main sur une paire. C'est plutôt forcé, je sais. Seulement, si l'on admet que quelqu'un cherche à terroriser les résidents, cet incident remplit le mandat.

— C'est vrai.

— En tout cas, la police a saisi les ciseaux comme pièce à conviction. J'ai demandé à Mathieu d'aller faire un tour dans la 309 si possible, voir ce qu'il peut apprendre de plus. Bon, je te laisse partir. On se retrouve à seize heures trente ?

Perplexe, Océane accepte. L'heure suivante passe très rapidement. Deux personnes réclament ses services et elle en profite pour annoncer sa nouvelle politique.

— Des cours particuliers! s'exclame madame Dupuis, venue pour se faire réexpliquer un ou deux détails à propos du fonctionnement de son appareil photo.

Elle écarte le bout des doigts de ses mains jointes pour applaudir légèrement, marquant ainsi son enthousiasme.

— Et puis, ces cours peuvent avoir lieu ici ou dans vos chambres, précise Océane en fixant son formulaire d'inscription au tableau.

Elle doit ensuite reprendre presque toutes ses explications du mercredi pour madame Dupuis pendant que monsieur Pierre préfère l'attendre en lisant dans sa chambre. Cette fois, la jeune fille consigne plusieurs informations sur des petites fiches à l'aide de marqueurs de différentes couleurs. Après une demi-heure, madame Dupuis comprend beaucoup mieux et paraît ravie de ces jolies cartes mémoire. Elle remercie si chaleureusement sa jeune professeure que celle-ci sent quelques larmes d'émotion lui piquer les yeux.

Avant de se rendre à la chambre de monsieur Pierre, Océane s'attarde à converser avec madame Dupuis. La résidente s'était montrée très intéressée l'avant-veille par les divers incidents, et l'adolescente trouve un peu étrange qu'elle n'ait pas abordé le sujet d'elle-même.

— J'aurais aimé avoir plus d'élèves aujourd'hui. Croyez-vous que les gens sont encore apeurés par les événements du début de la semaine ?

— Quels événements ? questionne madame Dupuis, toujours concentrée sur ses jolies fiches colorées.

Surprise du peu de réaction de la vieille dame, Océane hésite pendant que la résidente relève enfin des yeux doux, plissés et fatigués vers elle.

— Non, rien. Je dois y aller, madame Dupuis. Passez une bonne fin de semaine !

La femme semble avoir complètement oublié les étranges incidents ; l'adolescente ne se voit pas être celle qui la rendrait de nouveau anxieuse. S'il y a réellement un sadique qui cherche à terroriser les personnes âgées, il n'est pas question que, sous prétexte de vouloir l'arrêter, elle commence, elle aussi, à tourmenter ces pauvres gens.

Océane laisse madame Dupuis à l'admiration de ses cartes pour se rendre dans la chambre de son client suivant : la 322. Auparavant, elle doit d'abord s'occuper de son frère. Celui-ci devait monter au troisième étage après son pouding, mais elle ne le voit pas. Normalement, la jeune fille se dirait qu'il est accaparé par l'un de ses jeux sur son iPod, sauf qu'il l'a justement oublié à la maison. Alors, où est-il ? Combien de poudings peut-il avaler gratuitement en faisant les beaux yeux aux préposées ?

Tandis qu'elle se dirige vers l'ascenseur, une main sur son épaule la fait sursauter.

— Hé! C'est juste moi! lance Ulrich en faisant un pas pour lui bloquer le chemin. Tu as fini?

— Non. Où tu étais?

— Avec Maria, on jasait.

Océane lui fait les gros yeux.

— Tu devais me rejoindre.

— Oui, et puis? Je n'ai rien fait de mal. Je parlais avec Maria. Tu sais qu'elle a fait des études de biologie? Elle a une collection d'insectes, de papillons, en fait. Une vraie, sur aiguilles. Est-ce qu'on part maintenant?

« Vraiment pas », se dit Océane en se demandant comment elle va le faire patienter encore trente minutes, plus le temps d'une petite rencontre avec Jean-Luc et Mathieu. Elle sort son cellulaire de sa poche pour le tendre à son frère.

— On ne part pas tout de suite. Je te prête mon cell. Fais-y attention! Et tu m'attends dans la grande salle, compris?

— Cool! Ouais, approuve le garçon déjà absorbé par l'appareil.

— Tu as du chocolat au coin de la bouche, Ulrich. Passe aux toilettes. Elles sont juste en face des ascenseurs. À tout à l'heure!

— Ouais, répète Ulrich, les yeux rivés sur l'écran.

Sa main frottant le tour de sa bouche distraitement, il bifurque directement vers la grande salle.

L'adolescente soupire et se dirige vers son prochain client qui ne la retient finalement qu'un quart d'heure. Elle l'aide à chercher en ligne de la musique, ainsi que des recettes de gâteaux. Océane se questionne sur l'intérêt d'une telle recherche, puisque l'homme ne peut pas cuisiner à la résidence. Là encore, elle se dit qu'il vaut mieux qu'elle garde pour elle cette réflexion.

5

À seize heures vingt-deux, Océane frappe à la porte de monsieur Gélinas pour la deuxième fois de l'après-midi. Heureusement, à cette heure-là, les corridors sont plutôt déserts ; cela évite d'éveiller les soupçons.

Après quelques secondes, elle frappe de nouveau. Aucune réponse. Elle essaie la poignée qui, déverrouillée, tourne librement.

« Je peux jeter un coup d'œil, juste pour m'assurer qu'il va bien », se justifie la jeune fille sans réfléchir davantage.

La chambre est déserte. Les stores descendus assombrissent la vaste pièce bien rangée. Le couvre-pied est tiré sur un lit impeccable.

Océane avance silencieusement jusqu'à la table de chevet. Dessus trône un cadre où l'on reconnaît le résident, beaucoup plus jeune, avec un couple âgé qu'il entoure de ses bras. « Sûrement ses parents », suppose l'adolescente en contemplant le trio souriant, resplendissant d'amour filial. La photo est posée au centre d'une boîte de bois sombre. À côté, un roman de Stephen King, qu'elle avait remarqué la veille, attend sous une petite lampe de lecture noire. En face, l'étagère bien garnie de livres et de jeux de société contient mille trésors endormis. C'est toujours l'effet que lui fait une bibliothèque: des mystères, des aventures qui sommeillent en attendant leur heure.

Après un instant, la jeune fille sort de la chambre sans un bruit. Elle referme la porte, se sentant un brin indiscrète, puis recule d'un pas avant d'apercevoir Mathieu et... Ulrich au bout du corridor.

Elle pousse un profond soupir et hausse les sourcils avec impatience à la venue de son frère.

— Tu dois m'attendre dans la grande salle.

— Il est presque et demie. Tu as dit "et demie", insiste le garçon en lui rendant son cellulaire.

Océane sourit à Mathieu qui demeure silencieux, puis elle se mordille nerveusement la lèvre inférieure.

— Il n'est pas là, lui indique-t-elle.

— Qui n'est pas là? questionne Ulrich.

— Monsieur Gélinas; il a un problème urgent avec son téléphone. Je dois l'aider, ça ne sera pas long. Sois gentil et...

— Tu viens de dire qu'il n'y est pas...

— Ben, il devrait arriver. C'est moi qui lui ai donné rendez-vous à seize heures trente.

Ulrich fait la moue. Sa bouche aux extrémités tirées vers le bas évoque le doute pendant que le pétillement dans ses yeux trahit son soudain intérêt.

— Et toi, Mathieu ? Tu aides ma sœur dans son atelier ?

Ce dernier, mi-confus, mi-amusé, regarde la jeune fille pour qu'elle intervienne. Après tout, ils se sont entendus pour ne rien révéler à personne.

— Non, je dois balayer la chambre 316.

— Menteurs ! Vous êtes tellement menteurs. O, tu n'as jamais pu me passer une seule baliverne. Pourquoi tu essaies aujourd'hui ?

Océane se rend compte qu'elle vient de se mettre dans de beaux draps. Rien ne sert de poursuivre dans cette voie. Ulrich ne la lâchera pas tant qu'elle ne lui aura pas raconté de quoi il en retourne, la menaçant de son arme implacable : son « Je vais dire à maman que tu manigances quelque chose. »

— Est-ce que c'est au sujet des ciseaux ?

Les deux adolescents se regardent, la bouche toujours cousue.

— Moi, je sais pourquoi les policiers sont venus, expose Ulrich avec un petit air rusé.

Avant qu'Océane ou Mathieu ait le temps de répondre, la porte de la chambre 316 s'ouvre sur un monsieur Gélinas impatient.

— Vous attendez quoi pour entrer ? les apostrophe le vieil homme qui remarque soudain le visiteur imprévu. Tu es qui, toi ?

— Ulrich. Vous ? répond le garçon du tac au tac.

— C'est mon frère. Je pensais que vous étiez sorti, se justifie Océane.

— J'étais à la salle de bain. Eh bien, ne restez pas plantés là !

Ni Mathieu ni elle n'osent s'avancer avec Ulrich immobile à leurs côtés.

— Entrez tous ! J'imagine que tu n'avais pas d'autre choix que de l'emmener.

— Il devait attendre dans la grande salle. Il a dix ans ; je le garde.

— Même pas ! Je t'accompagne.

— Parce que tu ne peux pas rester seul. Donc, je te garde.

Le vieil homme circule avec son fauteuil roulant pour reprendre place de l'autre côté du lit. Il observe l'enfant avec un mélange d'ennui et de frustration.

— Je sais que c'est à cause des accidents, des ciseaux, explique Ulrich solennellement.

— Vous lui avez raconté !

— On ne lui a rien dit, certifie Mathieu qui sort enfin de son mutisme. Il l'a découvert.

— Mon frère est difficile à berner. Il devine toujours quand je mens, alors il se mêle de mes affaires. Je suis désolée, Jean-Luc, on va vous laisser discuter.

— Sauf qu'il sait déjà…

— Je suis désolée, répète la jeune fille.

Pendant un instant, tous les regards se tournent vers Ulrich qui hausse les épaules en secouant la tête pour signifier son innocence.

— Je n'ai rien fait de mal. Et puis, je peux vous aider. Sérieux, si vous cherchez qui fait tout ce trouble, je peux vous aider. Dis-leur, O !

— Ce n'est pas un jeu, Ul. Et ce n'est pas une place pour un gamin.

— Pour toi non plus. Et je sais déjà des choses. Je peux être très utile.

— De quoi parle-t-il ?

À contrecœur, Océane explique le don qu'a son frère. Elle leur raconte que depuis des années, il se prend pour un détecteur de mensonges vivant.

— On perd du temps, signale soudain monsieur Gélinas. Est-ce que tu sais garder un secret, Ulrich ?

Le garçon acquiesce gravement.

— C'est vrai. Je peux compter sur lui quand il donne sa parole, admet sa sœur.

— Alors, tu écoutes et tu te tais. Compris ? Si on veut réussir à identifier le coupable, il faut que personne ne sache ce qu'on fait ici.

— Mais qu'est-ce qu'on fait ici ? demande Ulrich.

— Toi, tu écoutes ! C'est bien assez !

Sentant que la patience de leur hôte atteint sa limite, Océane enjoint à son frère de garder le silence.

Le quart d'heure suivant passe rapidement. Après que Jean-Luc a remis à chacun une liste de toutes les personnes ayant accès à l'étage et pouvant être l'auteur des crimes, Mathieu partage le peu d'informations qu'il a récoltées au sujet du couple et des ciseaux.

L'adolescent tient de nouveau une pièce de Scrabble qu'il fait tourner entre ses doigts.

Cette habitude agace Océane qui s'en veut un peu de sa réaction. Elle est mal placée pour trouver les manies des autres énervantes, sachant mieux que quiconque qu'il peut être difficile de maîtriser certains gestes. Elle écoute tout de même attentivement Mathieu exposer ce que le concierge lui a révélé sur le couple.

— Un vrai rabat-joie, cet homme! Il m'a dit: "Ce n'est pas ta place d'aller faire le ménage dans les chambres. Tu balaies et tu laves les planchers que je t'indique. Si tu voulais avoir de l'initiative, fallait y penser avant de faire une bêtise. Fais ce qu'on te demande, rien de plus! De toute façon, ce couple est complètement sonné. Je ne comprends pas qu'ils aient accepté de les mettre ensemble. Quand ils perdent leurs moyens, ces vieux peuvent faire des choses insensées et être littéralement des dangers pour eux-mêmes. Leur permettre de cohabiter, ça multiplie les risques." Et puis, il a affirmé qu'ils faisaient sûrement exprès de boucher leurs toilettes une fois par semaine.

— C'est certain que ce sacré grincheux de concierge est un suspect avec un motif évident: la vengeance. On lui tombe vraiment sur les nerfs, alors nous torturer doit le soulager, lui faire plaisir, non? suggère monsieur Gélinas.

— Peut-être... Si la police pouvait croire à une série d'incidents, ils enquêteraient là-dessus, commente Mathieu.

— Mais ce n'est pas la position de la résidence. J'aurais eu l'air d'un fou d'aller raconter une telle énormité, surtout que je n'ai même pas été témoin. Ils m'auraient sûrement prescrit un calmant, comme à cette pauvre Noëlla.

— Possible, admet Océane. Moi, je n'ai rien pu apprendre. Monsieur Pierre est presque muet et madame Dupuis avait oublié les incidents. Je n'ai pas eu le cœur de les lui rappeler.

Ulrich profite du silence subit pour lever la main et se racler la gorge, ce qui lui attire aussitôt de gros yeux en provenance de sa sœur.

— Tu sais quelque chose de plus, Ulrich? lui demande Mathieu.

Le regard que le garçon pose sur l'adolescent révèle une sorte de gratitude profonde pour la façon dont il lui a offert la parole sur un pied d'égalité.

— Ouais. Le couple des Brosseau, Gilbert et Rosa, Rosa Karol. C'est un nom polonais; Rosa est polonaise. Comme elle souffre d'Alzheimer, elle s'est mise à parler presque uniquement dans sa langue natale.

Ulrich marque une pause puis, satisfait de l'attention obtenue, il poursuit:

— La vieille Rosa prétend avoir trouvé les ciseaux sur son plateau de nourriture, tout simplement.

— Woh! Woh! Où prends-tu ça? l'interroge Jean-Luc, visiblement impressionné. Je veux bien croire que la vieille soit polonaise. C'est vrai qu'on l'entend baragouiner dans une langue dont je ne comprends pas un traître mot. Mais comment as-tu su pour les ciseaux?

— Parce que je parle polonais, voyons! s'exclame le garçon avec le plus grand des sourires, s'empressant tout de même d'enchaîner avant que sa sœur lui saute à la gorge. Non, non, c'est une blague. J'ai écouté la conversation entre Maria et l'infirmière, celle qui a toujours l'air fâché.

— Berthe!

— Oui, c'est ça. Berthe est roumaine, sauf qu'elle comprend aussi le polonais. Elle dit que Rosa était catégorique: les ciseaux étaient sur son plateau.

— Mais Rosa perd la tête, peut-on se fier à ce qu'elle raconte? objecte Océane.

— C'est ce qu'a fait remarquer Maria, et Berthe lui a répliqué que, personnellement, elle ne la croyait pas vraiment. Que ces ciseaux proviennent peut-être du mécanicien de fauteuil roulant. Qu'elle l'a déjà vu oublier une pince à molette, alors pourquoi pas des ciseaux. Rosa les aurait ramassés, puis n'y aurait plus pensé jusqu'à ce qu'elle les dépose sur son plateau.

— Le mécanicien est-il venu aujourd'hui? demande Océane.

— Non, pas depuis la semaine dernière. J'ai l'impression que plus on en apprend, plus les suspects se font nombreux. J'ai inscrit sur la liste toutes les personnes qui ont un accès régulier aux étages. Ça serait bien de donner son opinion sur chacun pour voir si l'on pense de la même façon, propose Jean-Luc.

Ulrich s'approche de sa sœur.

— Vous avez mis Maria sur la liste ?

— Oui, le petit. Tu as quelque chose contre ça ? s'informe Jean-Luc.

— Je crois que Maria est super gentille. Elle ne ferait de mal à personne ici.

Les deux adolescents et le vieil homme se regardent un instant sans broncher. Puis, le résident pouffe d'un rire mi-moqueur, mi-joyeux.

— D'accord, c'est noté !

— Je suis utile. Je vous l'avais dit.

— Tu es drôle aussi, s'esclaffe à son tour Mathieu.

La grande sœur se tait. Elle ne sait pas si les autres prennent au sérieux les paroles d'Ulrich. Elle, en tout cas, s'y est toujours fiée.

— Oui, tu es très utile, approuve le résident. Je pense que ta jeunesse te rend si peu menaçant que les gens feront moins attention à ce qu'ils disent devant toi.

— Donc, je me promène l'air de rien pendant l'atelier d'Océane pour récupérer plein d'informations que je vous rapporte après. C'est comme ça qu'on fonctionne ?

Cette fois, le vieil homme lui répond aussi sérieusement qu'aux adolescents.

— Oui, on peut fonctionner comme ça. Si ta sœur est d'accord, évidemment.

Océane hésite, même si elle sait qu'elle n'a pas vraiment le choix. Ulrich est déjà impliqué et il ne se laissera pas mettre de côté sans tout raconter à leurs parents. Comme elle est persuadée de ne pas courir de danger, il n'y a pas de mal à faire participer son frère. Au fond d'elle-même, elle n'est d'ailleurs pas encore pleinement convaincue qu'il y ait un réel complot destiné à terroriser les résidents. Pour l'instant, cette petite enquête rassure monsieur Gélinas et ne présente aucun risque. C'est du moins ce qu'elle croit.

— Je ne vois pas de raison d'être contre.

Ulrich est ravi.

— Alors, la question est réglée. Et il est déjà presque dix-sept heures, soupire Jean-Luc en fronçant les sourcils, l'air soudain moins heureux.

— On doit partir, annonce Océane.

— On peut commenter la liste chacun de son côté. On met une cote de probabilité à chaque personne et on compare nos réponses demain, suggère Mathieu.

— Demain, c'est samedi, rappelle-t-elle.

— Vous pouvez venir pendant la période de visites, de quinze à dix-neuf heures. Faites-vous passer pour mes petits-neveux. L'équipe est complètement différente la fin de semaine ; les employés ne se douteront de rien.

— Moi, je peux, annonce Mathieu.

— Pas nous, précise Océane devant la moue boudeuse de son frère. Surtout pas ce samedi ! On va au cinéma en famille. Papa l'a dit ce matin, Ulrich !

— Dimanche, alors. On peut venir dimanche, propose le détective en herbe.

— Peut-être, Ul. On essaiera. Je ne promets rien. Je vous texterai dès que je saurai si on peut passer dimanche vers quinze heures, ajoute la jeune fille en regardant surtout Mathieu. Bon, on doit vraiment y aller, maintenant. On part en premier.

Au moment de sortir, Jean-Luc les interpelle.

— Merci pour ton aide, Océane. Toi aussi, Ulrich. Je reconnais que ça paraît un peu excessif, mais je sens qu'il y a quelque chose. Je crois qu'on peut le découvrir si on rassemble nos efforts.

L'homme semble mal à l'aise, ému peut-être. Le frère et la sœur ne répondent que par un hochement de tête presque simultané, puis disparaissent dans le couloir.

Océane introduit sa clé dans la serrure de la porte d'entrée juste avant dix-sept heures trente.

— Maman ! Papa !

Aucune réponse. Normal : Pierre Beauchamp ne rentre presque jamais avant dix-huit heures quinze, même s'il promet quotidiennement de revenir à dix-huit heures. Quant à Nathalie Clément, lorsqu'une « urgence » la retient à la pâtisserie, sa famille ne la revoit habituellement pas avant le lendemain matin. Heureusement, ce genre d'événement est plutôt rare.

— Ils ne sont pas là, constate Ulrich en poursuivant alors librement son argumentation. Pour Maria, je dis non, c'est sûr. Pour Berthe, je ne lui ai pas vraiment parlé, mais elle ne semblait pas mentir quand elle discutait avec Maria. Qui est-ce qui reste ?

— Plein de gens, Ulrich. Il n'y a pas que le concierge, la réceptionniste et les infirmières. Plusieurs employés vont à cet étage. Je dois aussi faire remarquer à Jean-Luc de ne pas spontanément éliminer tous les résidents des suspects potentiels.

— Ouais. Tu as raison. Il y a des vieux très tordus. Quand est-ce qu'on parcourt la liste ?

— Pas maintenant. J'ai promis à Andréane de lui téléphoner avant le souper. Mais il faudra trouver un moment tranquille avant dimanche. N'oublie pas que ça doit rester un secret.

— Même pour papa ? Il ne nous empêcherait pas de…

— Non ! Il ne faut rien dire à personne, Ul. C'est plus simple comme ça. Tu as donné ta parole.

— Ok, promis ! consent Ulrich en s'enfuyant vers le téléviseur du salon.

Son frère se trompe s'il croit que leur père les laisserait mener une enquête avec le résident bourru du Grand Chêne et un adolescent en probation, pense Océane. Sous ses dehors détendus, Pierre Beauchamp sait être intraitable. Et quelque chose lui dit que leur situation est peut-être un peu délicate, qu'elle devrait faire preuve de plus de prudence.

En se dirigeant vers sa chambre à l'étage, elle récupère son cellulaire de sa poche et texte son père.

Hé, papounet! Maman rentre tard. Tu nous rapportes de la pizza?

— Bon! On prend deux minutes, tout le monde. Sophie, peux-tu venir me voir?

La directrice de la chorale, madame Martine, contient difficilement son exaspération. Océane, qui sentait son regard désappointé peser sur elle depuis les cinq dernières minutes, est soulagée de s'apercevoir que c'est plutôt la fille juste devant elle qui est la cause du tourment de la directrice.

— Il te fixe, tu sais?

Océane hausse une épaule indifférente au commentaire chuchoté.

— Pourquoi tu ne te retournes pas? insiste son amie. Souris-lui, au moins.

— Je lui ai déjà souri deux fois en un quart d'heure. Si je me retourne encore, il va croire que je ris de lui parce que son nez est croche, explique-t-elle en recentrant son lutrin devant elle.

— Justin a le nez croche ? Qu'est-ce que tu racontes ? Et lâche donc ton lutrin, ça doit faire dix fois que tu le replaces !

L'adolescente se mordille la lèvre de frustration. Elle déteste se faire prendre en flagrant délit de manie nerveuse, d'autant plus qu'elle cache fièrement ses problèmes à ses amis, même aux plus proches.

— C'est un des pieds qui tient mal, réplique-t-elle en se penchant pour faire semblant de déplier soigneusement une section du trépied.

— Tu penses vraiment que Justin a le nez croche ? insiste Andréane d'une voix où pointe une légère déception. Moi, je le trouve super mignon.

— Non, j'ai dit qu'il allait supposer ça si je n'arrêtais pas de lui sourire bêtement. J'ai plutôt l'impression que c'est toi qui l'observes.

— Non, non, se défend Andréane en rougissant.

Océane fixe son regard dans les yeux noisette de sa meilleure amie. La confrontation ne dure pas trois secondes avant qu'Andréane cède.

— C'est toi qui le voulais en premier, alors je te le laissais. Mais si tu…

La jeune fille s'attendrit en voyant le réel intérêt de son amie pour l'adolescent parfait et à la voix déjà grave.

— Vous feriez un couple génial, tu sais, Andréane. Je le trouve vraiment beau, moi aussi, mais pas autant que toi. C'est parce que j'ai rencontré quelqu'un d'autre…

Les yeux de son amie s'écarquillent d'une subite curiosité tandis que madame Martine, qui a terminé avec la jeune alto, rappelle maintenant à tous ses choristes de se tenir bien droit pour reprendre au deuxième couplet.

Océane s'applique à bien faire sortir sa voix, même si elle sait qu'elle ne deviendra jamais une grande chanteuse. C'est sa mère qui a insisté pour qu'elle remplisse ses temps libres.

— Tu ne dois pas t'isoler, Océane. Tu sais ce que le médecin a dit. Tu dois faire des activités qui t'occupent l'esprit.

Et comme la jeune fille n'aime pas vraiment le sport et qu'Andréane lui a proposé plusieurs fois de se joindre à sa chorale, elle s'est laissé convaincre. Et la voilà dans ce chœur d'enfants et d'adolescents, même si elle a toujours été très moyenne en musique. « Tu chantes juste et c'est tout ce qu'il faut », lui a assuré sa meilleure amie. Sauf qu'Océane préfère normalement s'appliquer pour faire les choses à la perfection. Le vendredi soir, elle doit se contenter de « chanter juste », d'être dans le moment présent, tel qu'on le lui a conseillé. Plus facile à dire qu'à faire !

— Allez, on reprend encore une fois ! Tous ensemble.

— Mathieu… Ouais, c'est chouette comme nom. Et il a quel âge?

— Quatorze, environ…

— Quoi? Il pourrait être plus vieux?

— Peut-être, je ne le lui ai pas demandé.

— Et il est beau? Plus beau que Justin? questionne Andréane en baissant subitement la voix.

Les adolescentes attendent la mère d'Andréane à la sortie du centre communautaire, après la chorale. Madame Lafont arrive habituellement en retard d'une bonne quinzaine de minutes, ce dont les deux amies ne se plaignent pas. Les autres choristes, surtout les plus vieux, s'attardent souvent à bavarder après la séance.

— Non. Ben… il est beau, mais c'est plus ce qui se dégage de lui qui me plaît.

— Qu'est ce qu'il dégage?

— C'est difficile à dire, ricane Océane en passant ses doigts dans ses cheveux. Il est mystérieux, un peu sombre, joyeux aussi… ben, quand il sourit. Je resterais à le regarder sourire pendant des heures.

Andréane hoche la tête de l'air de celle qui a tout compris.

— Sauf que c'est un mauvais garçon. Il a commis un crime, non?

Océane fronce le nez en une légère grimace.

— Ouais, peut-être que je suis un peu comme ma tante Lizi qui aime les hommes compliqués.

— Celle avec qui tu es allée à Paris ?

— À Paris ? répète Océane sans comprendre.

Andréane fixe son amie comme si celle-ci était une extraterrestre.

— Ta tante qui t'a emmenée passer tout septembre à Paris. Voyage pour lequel tu ne m'as rapporté aucun souvenir, ce que je t'ai tout de même pardonné.

« Aïe ! Ce Paris-là ! » songe Océane. Le Paris de sa parfaite excuse pendant qu'elle passait plutôt un mois entier à l'hôpital. « Quelle idiote je suis d'avoir oublié ! »

— Non, c'est avec la sœur de mon père que j'ai été à Paris, ment-elle sans scrupules.

Son amie hausse les épaules en signe d'indifférence alors qu'elle aperçoit Justin approcher. Le garçon repousse d'une main une frange blonde parfaitement dégradée avant de les aborder.

— Vous prenez le bus ?

— Non, s'empresse de répondre Andréane. Ma mère vient nous chercher. Tu restes dans quel coin ? Peut-être qu'on peut te déposer.

Justin secoue la tête en fixant surtout Océane.

— Merci quand même, mais je ne retourne pas chez moi. À vendredi prochain.

Il s'éloigne sous les regards furtifs de plusieurs adolescentes. Andréane soupire bruyamment.

— Alors, si tu ne t'intéresses plus à lui, tu vas devoir arrêter de le manger des yeux comme tu le fais.

— Quoi ? s'indigne Océane. C'est toi qui le dévisages tout le temps, comme s'il était une vedette de rock.

— Il est mieux qu'une star, il est parfait.

Océane sourit, car la réplique qui lui est spontanément venue à l'esprit lui semble pour le moins étrange. « Oui, Justin est parfait… trop parfait. »

6

Le générique déroule lentement. Assise profondément dans son fauteuil, un fond de sac de pop-corn roulé et bloqué entre le siège et sa cuisse, Océane savoure tranquillement le reste de sa boisson gazeuse où la glace fondue a dilué la saveur du Coca-Cola.

La comédie américaine, la dernière de Reese Witherspoon, est plaisante, sans être hilarante. Le mélange d'action et de romantisme attire un public large, et des spectateurs de tous les âges et des deux sexes remplissent presque tous les bancs de la salle en ce samedi après-midi. Un succès populaire. La jeune fille a apprécié, mais pas autant que d'habitude. Elle doit admettre que son esprit a quitté à plusieurs reprises cet univers pour vagabonder vers la résidence du Grand Chêne. Plus elle y pensait et plus elle se persuadait de la problématique menaçante vécue par les résidents.

Les événements survenus à la maison de retraite l'interpellent et lorsqu'un sujet l'intéresse vraiment, Océane a tendance à se laisser envahir par celui-ci. Elle peut y penser toute la journée, jour et nuit. Et cette intensité, elle ne la connaît que trop bien.

Depuis qu'elle prend des médicaments pour diminuer son anxiété et maîtriser ses compulsions, Océane a remarqué qu'elle songeait moins longtemps à la même chose. Ou plutôt qu'elle pouvait reporter son attention sur autre chose. Ça ne réduit pas sa concentration et elle obtient d'aussi bonnes notes à l'école, mais elle ne se met plus à ressasser sans cesse le même sujet.

Leur enquête au Grand Chêne l'absorbe maintenant complètement. Plus question d'hésiter, car il y a un mystère à élucider. En plus de l'occasion de porter secours à ces gens ; davantage qu'avec un atelier de dépannage média.

Pour elle, résoudre un mystère revient un peu à rétablir l'ordre et l'adolescente à la chambre impeccable, aux tiroirs de bureau aussi bien rangés que ceux d'un commerce de perles et aux étagères de livres disposés selon un classement tant esthétique que thématique, est une experte dans l'art de mettre de l'ordre. Ce qui se passe à la résidence cache quelque chose d'étrange. Elle doit parvenir à lever le voile sur cette énigme afin d'aider madame Dupuis, monsieur Gélinas et tous les autres à retrouver un quotidien serein.

— P'pa, c'est fini, il n'y a pas d'extras, gémit Ulrich en tirant sur le bras de son père.

Océane lève la tête et aperçoit sa mère qui les attend tout en bas, près de la sortie, sans même une pointe d'exaspération dans son attitude. Son père insiste toujours pour regarder les films jusqu'à la toute fin, s'entêtant à espérer une dernière scène d'épilogue ou quelques gaffes de tournage ajoutées pour les amateurs aguerris aux interminables génériques, bien que, la plupart du temps, sa patience ne soit récompensée que par un écran noir.

Pierre Beauchamp se laisse finalement entraîner, feignant l'impuissance devant la prodigieuse croissance musculaire de son dernier-né. Le visage d'Ulrich s'éclaire d'une mine fière pendant que sa bouche s'étire en une mince ligne d'effort.

Océane saisit les quelques grains de maïs qui lui restent et son gobelet vide avant de les suivre dans l'allée. Son analyse de la situation à la résidence devra attendre.

— Comment avez-vous trouvé le film ? demande Nathalie dès qu'ils ont franchi les portes de la salle de visionnement, après avoir jeté les déchets dans la poubelle pleine à ras bord.

— Super le fun ! Quand ils étaient au resto, c'était fou la bataille. Hein, p'pa ?

Pierre acquiesce avec presque autant d'enthousiasme que son fils. Le patriarche de la famille Beauchamp-Clément adore les films, se considérant lui-même comme un cinéphile boulimique. S'il n'en tenait qu'à lui, il les emmènerait au cinéma toutes les fins de semaine. Heureusement que Nathalie est là pour équilibrer leurs sorties et lui faire comprendre que trop de quelque chose, même d'une bonne chose, finit par lasser vraiment. En réalité, Océane soupçonne son père d'être en complet désaccord et de pouvoir engloutir une quantité impressionnante d'œuvres cinématographiques chaque semaine pendant plusieurs années avant de ressentir le moindre signe de désintérêt.

— Est-ce que ça t'a plu, toi aussi ? répète Nathalie à sa fille qui est demeurée silencieuse.

— Oui ! J'adore cette actrice. C'était chouette.

— Tu semblais songeuse pendant la projection. Je me demandais si…

— Non, m'man. J'ai regardé le film. C'est tout, l'interrompt Océane en levant les yeux au ciel.

Nathalie Clément se tait. Si l'attitude de sa fille l'affecte, elle n'en laisse rien paraître et accélère le pas pour rattraper le pendant masculin du groupe qui a pris les devants. L'adolescente se sent alors coupable et rejoint sa mère dans le stationnement.

— Désolée, m'man. Je suis juste un peu fatiguée. Merci pour le cinéma. Merci à toi aussi, p'pa.

Une fois toute la famille installée dans la voiture et en route vers la maison, Ulrich tente de convaincre ses parents de s'arrêter manger au restaurant chinois. Il y va d'innombrables arguments, puis de jérémiades toutes plus insistantes les unes que les autres. Océane ignore comment son frère fait pour reproduire immanquablement les mêmes supplications avec toujours aussi peu de succès.

Une sonnerie en provenance de son cellulaire lui annonce l'arrivée d'un nouveau texto. Probablement Andréane qui lui demande ce qu'elle fait… pour la dixième fois aujourd'hui.

Hey C Mat.

« Mat ? Mat… pour Mathieu ! Mathieu de la résidence. Ça ne peut être personne d'autre », songe-t-elle.

Hey

Elle devrait sûrement écrire autre chose. Mais elle ne va pas taper « C Océane », il doit bien le savoir.

Comment était le film ?

L'adolescente sourit.

Bon

« Il va me trouver bête avec mes microréponses », se dit-elle.

As-tu été à la résidence ?

Son message vient à peine de partir qu'un nouveau arrive.

Pas plus que ça?

Leurs textos se croisent. La jeune fille répond:

Le fun. Drôle

Quelques secondes passent.

Tant mieux. Oui, j'ai été à la résidence

Et puis?

On a surtout joué au Scrabble. On a annoté la liste un peu. Tu viens demain?

Pas de nouvel incident?

Rien

Exactement comme elle s'y attendait. Jean-Luc avait affirmé que le personnel était différent la fin de semaine. Cela confirme l'hypothèse selon laquelle le coupable serait un des employés permanents plutôt qu'un résident ou un travailleur à temps partiel.

— À qui tu textes? demande Ulrich qui jette un coup d'œil curieux au cellulaire de sa sœur.

Étant donné que son frère a probablement déjà aperçu les bulles de conversation bien évidentes sur son écran grand format, Océane opte pour la franchise.

— À Mathieu, répond-elle d'un ton anodin, quoique d'une voix plus faible que d'habitude.

Ulrich la regarde silencieusement. Ses yeux noisette la questionnent cependant. Elle tourne le téléphone vers lui pour qu'il puisse lire.

— Qui est ce Mathieu ? interroge alors Pierre, qui a entendu, même s'il fredonnait une chanson à l'unisson avec la radio.

— Un gars…

Son père continue à chantonner, élevant même la voix pour le refrain. Océane reprend son appareil au signal suivant.

Tu viens demain ?

Effectivement, elle n'a toujours pas répondu. Elle a été occupée toute la journée et rien n'est décidé avec ses parents.

Oui. J'y (un regard insistant de son frère la fait modifier son message avant de l'envoyer) **On y sera**

— Il a combien de pieds, ce Mathieu ? s'enquiert Pierre Beauchamp lorsqu'une annonce publicitaire de pneus vient remplacer la musique.

Océane ne peut retenir un sourire. Elle adore l'humour particulier de son père.

— Attends, je n'ai pas fait attention. Euh… un. Non, deux. Deux pieds, oui, j'en suis certaine.

— Et puisque ta mémoire semble en pleine possession de ses moyens, est-ce que tu peux nous dire d'où tu le connais?

L'adolescente doit répondre rapidement si elle ne veut pas éveiller les soupçons.

— De la résidence. Il y travaille aussi.

— Quel âge a ce Mathieu? demande Nathalie.

— Ben, je ne sais pas. Comme moi, ou peut-être un an de plus.

— Ah! Tu disais qu'il travaillait là-bas?

— Ben, il travaille bénévolement après l'école, précise Océane qui aimerait changer de sujet.

Un nouveau signal attire son attention et celle de ses parents. Elle coupe le son avant de regarder le dernier message.

Cool

La jeune fille passe doucement le pouce sur l'écran, admirant le mot écrit. *Cool*… *Cool* pour «Je suis content que tu viennes!»; *cool* pour «J'ai hâte de te revoir!»; *cool* pour «J'aime ta compagnie!»… *Cool*. Soudain, l'adolescente se met à adorer ces quatre petites lettres et leurs multiples significations.

Un coup de coude désagréable la sort de son état contemplatif.

— Aïe ! Ulrich, ne fais pas ça !

— Réponds à papa !

— Quoi, p'pa ? J'étais dans la lune.

— On te demande ce qu'il fait Mathieu comme stage bénévole ?

Stage bénévole ? Ce n'est pas elle qui a dit ça. Il n'est pas payé, c'est du travail forcé, mais non rémunéré, donc bénévole.

— Il aide beaucoup. Il… il joue au Scrabble avec les résidents, il donne un coup de main. Il est…

— … plein de potentiel, on dirait.

Océane sent la chaleur envahir son visage. Elle suppose que son père a remarqué sa réaction dans son rétroviseur.

— Très drôle ! Très drôle !

De retour à la maison, Océane réussit à convaincre son frère de la laisser s'occuper de la liste des suspects toute seule. Pencher leurs deux têtes en même temps sur ce papier ne ferait qu'éveiller les soupçons de leurs parents. Elle croit plus prudent qu'Ulrich s'adonne à un de ses jeux vidéo tandis qu'elle réfléchira à leur problème. La grande sœur promet de noter les commentaires d'Ulrich pendant le trajet en autobus du lendemain. Leur projet dominical de se rendre à la résidence est d'ailleurs une autre difficulté qu'elle doit résoudre urgemment.

Pendant que ses parents préparent le souper et que son frère plonge avec plaisir dans un univers virtuel où la guerre sévit en pleine jungle sud-américaine, un nouveau texto d'Andréane fournit une piste de solution à la jeune fille. Aussitôt, elle appelle son amie pour lui quémander une faveur. En fait, il s'agit de l'excuse parfaite pour le lendemain. Océane se rendrait chez Andréane pour travailler sur une présentation orale en anglais et Simon, le frère de celle-ci, un an plus vieux qu'Ulrich, mais du même niveau scolaire, inviterait également ce dernier à venir passer l'après-midi chez eux.

Elle remercie chaudement Andréane pour sa coopération. Celle-ci demeure un instant sans répondre.

— Andréane, tu es là ?

— Ouais, c'est juste que je ne sais pas pourquoi tu me remercies. Je ne ferai rien. En fait, je dois aller terminer un projet chez Betty pendant que tu t'en retournes voir tes vieux et ce mystérieux délinquant.

— Il n'est pas délinquant… ben, je l'espère. L'important, c'est que tu m'offres un alibi si les choses tournent mal.

— Tourner mal ? Comme quoi ?

— Ben… rien. Il ne peut rien arriver. C'est juste que j'ai moins l'impression de mentir si j'organise ça avec toi. Donc, officiellement, Ulrich et moi, on passe l'après-midi chez toi.

— Tu sais que tu es bizarre parfois, laisse tomber Andréane sur un ton anodin, sans se douter de la réaction que ce genre de remarque provoque chez son amie.

Durant le repas, Océane se fait prendre de vitesse. Avant qu'elle ait pu informer Ulrich de l'arrangement du lendemain, Pierre Beauchamp annonce son programme pour le dimanche.

— J'ai décidé qu'on allait tous participer au rangement du garage. Même toi, Ulrich. Il y a plusieurs choses qu'on peut transférer dans le cabanon.

Surprise, l'adolescente choisit de plonger, d'autant que son frère vient de lui assener un coup de pied à la cheville qui, en plus de provoquer un élancement déplaisant, lui assure qu'il s'inquiète pour leur escapade.

— L'après-midi, je dois aller chez Andréane pour notre oral d'anglais.

— Pas avant de m'avoir donné une heure ou deux. De toute façon, vous avez congé lundi, non ?

— Oui, c'est juste qu'Andréane ne peut pas lundi. On doit faire ça demain.

De nouveau, elle ressent une douleur aiguë à la cheville. Ulrich, dont aucune mimique ne trahit les émotions au-dessus de la table, proteste déjà à l'idée d'être laissé de côté.

— Et Simon veut savoir si tu viendrais aussi jouer, Ul ?

Leur mère lève la tête de son plat de spaghettis.

— Simon, le frère d'Andréane ?

— Oui, il est dans ma classe, déclare aussitôt le garçon. Je peux y aller ?

— Pourquoi pas ? Si tu aides ton père ; si vous l'aidez tous les deux demain matin.

— Comment… s'*ils* m'aident ? Tu viendras, toi aussi !

Nathalie Clément agrandit les yeux d'étonnement.

— Moi ? Oh non, Pierre ! Pas question que j'y mette les pieds ! Le garage est ton domaine, mais ces deux paresseux seront ravis d'exercer leurs muscles pour t'assister.

Le cas est réglé. Océane se penche pour frictionner l'os de sa cheville tout en réprimant l'envie de frapper à son tour les jambes de son frère, qu'il balance sous la table.

Le reste de la soirée, l'adolescente prétexte un mal de tête pour aller lire plutôt que de sortir. Elle s'enferme dans sa chambre et se plonge dans l'analyse de la feuille que leur a remise Jean-Luc. Elle établit d'abord une légende pour illustrer son niveau de méfiance envers chaque individu. À quel point chacun des suspects pourrait-il s'abaisser à effrayer les résidents du Grand Chêne ?

☠ Fort probable

☹ Probable

😐 Normal ou pas d'information

☺ Peu probable

Dans les heures qui suivent, la feuille dépliée discrètement maintenue entre les pages d'un gros roman, Océane réfléchit à chaque nom consigné, s'attardant surtout au comment et au pourquoi. Pour quel motif tel individu terroriserait-il un résident ? Comment s'y prendrait-il ? Elle s'interroge donc sur les mobiles et les moyens. Elle n'est pas une fanatique d'intrigues policières, mais elle a regardé plusieurs grands classiques du film noir avec son père et elle est persuadée de se poser les bonnes questions.

Assise à son bureau, la main gauche tordant ses cheveux derrière sa nuque, la droite crispée sur un crayon de bois, l'adolescente rédige des commentaires pour chacun des dix-sept suspects composant la liste. Elle en connaît personnellement presque la moitié, les autres n'étant que des noms et des fonctions associées. *Lucille Delany, nutritionniste ; Daniel Blanchette, mécanicien de fauteuil roulant ; Pascal Aubé, ergothérapeute...* Pour ces inconnus, elle se sert uniquement de son sens de la déduction et leur attribue le plus souvent un 😐 par manque d'information.

Il est presque vingt-trois heures lorsque Océane entre dans le bureau de son père, situé au sous-sol de leur résidence. Pierre Beauchamp, qui travaille devant son ordinateur, lève des yeux attendris vers son aînée.

— Tu n'es pas couchée, ma belle ?

— Non, je n'ai pas sommeil, se justifie la jeune fille en s'installant dans la bergère faisant face au bureau.

Elle se glisse spontanément de côté en remontant ses jambes sur un des appuie-bras.

— Moi non plus. Je suis descendu pour payer une facture et je voulais ensuite monter me coucher, pour pouvoir commencer le garage tôt demain. Mais là, je me sens aussi réveillé qu'en plein jour.

Océane lui sourit mécaniquement sans répondre, balançant ses pieds tout en inspectant ses doigts aux ongles bien courts. Son père reporte son attention sur l'écran.

— Je l'ai fait.

— Quoi ? questionne-t-il distraitement, sans la regarder.

— Ben, tu sais… J'ai encore reclassé mes étagères. Toutes mes étagères, réplique l'adolescente, le regard rivé sur ses ongles, comme s'ils étaient les plus merveilleux jamais vus.

— Ah…

— Ça m'enrage. Je n'ai tellement pas de volonté ! Je recommence tout le temps.

Cette fois, Pierre Beauchamp redresse la tête et lui sourit.

— Pendant combien de jours tu ne l'avais pas fait ?

La jeune fille hausse une épaule pour signifier qu'elle l'ignore, mais son père continue d'attendre une réponse.

— Je ne sais pas… Ben… depuis lundi.

— Wow ! Quatre jours !

— Cinq !

— Cinq jours, reprend-il, les sourcils relevés dans une sincère appréciation. Une fois en cinq jours, ce n'est rien. Tu le faisais plusieurs fois par jour, avant.

— Oui, mais je veux arrêter complètement ! Ce n'est pourtant pas sorcier.

— Comment tu as fait pour te retenir cinq jours ?

— Tu sais, ce qu'on avait dit. Soit je m'occupe l'esprit en lisant ou en répétant mes chants pour la chorale, soit je sors de ma chambre. Je fais la technique aussi.

— La pincette… Le truc masochiste.

— Ce n'est pas maso. Et ça fonctionne… des fois.

— Alors, bravo ! Cinq jours ! C'est super ! Je te félicite.

Océane fait la moue, sans rien répliquer. Elle cesse de regarder ses doigts et, aussitôt, une de ses mains glisse dans ses cheveux, sur sa nuque.

— Est-ce que je suis une malade mentale ? Après tout, le trouble obsessif compulsif est une maladie mentale.

— Ben moi, je t'aime avec tes tics.

— Pas des tics, un TOC. Ce n'est pas pareil, le docteur l'a expliqué. Tu fais exprès de ne pas t'en souvenir ou quoi ?

— Tic, toc, bof. De toute façon, sans ce TOC, tu serais trop parfaite. Une superbe blonde aux yeux couleur océan, intelligente, généreuse et qui se sait parfaite. Ouch! Quelle pimbêche tu ferais! Complètement insupportable. Je t'aime beaucoup mieux avec ce TOC.

— Tu dis n'importe quoi! Moi, je suis sérieuse. J'ai un TOC.

— Ben, je suppose que c'est bon que tu saches le nom de ta maladie au cas où tu la perdrais au centre d'achat. Tu pourrais aller au kiosque d'information et remplir un avis de recherche.

L'adolescente réprime le sourire qui naît en son for intérieur. Quand elle est découragée comme ce soir, elle n'obtient jamais la réaction qu'elle désire de son père. C'est souvent peine perdue. Elle le lui a déjà dit, mais il affirme que lorsqu'elle broie du noir, ça ne sert à rien de tenter de la réconforter. Elle devient alors tellement catégorique que la plus douce des paroles ne parvient qu'à la rendre encore plus maussade. Aussi, Pierre Beauchamp se tourne vers son arme ultime, celle qui réussit normalement à briser les barrières d'orgueil de sa fille: son humour.

— On se fait du pop-corn? suggère-t-il soudainement.

— Il est passé vingt-trois heures.

— Oui, et puis? Je ne t'ai pas offert une bière ou un café.

Océane doit avouer qu'elle a un petit creux. Son père éteint l'écran, puis la lumière du bureau pendant qu'elle saute sur ses pieds.

— Extra beurre! Un gros sac pour nous deux.

— Et ta mère?

— Elle s'est endormie avec son livre, sur le divan du salon.

— Elle va y passer la nuit.

— Je sais, je lui ai mis une couverture avant de descendre.

Pierre Beauchamp glisse un bras affectueux sur les épaules délicates de l'adolescente.

— Ma fille a un grand cœur! Tu sais que tu es vraiment ma fille préférée?

— Je suis ta seule, p'pa, soupire cette dernière, comme elle le lui a si souvent répété.

— Ah oui? Curieux! J'ai pourtant l'impression que tu n'es pas un exemplaire unique. Si je me rappelle bien, à ta naissance, ébahis par notre fabuleuse création, ta mère et moi avons aussitôt déposé un brevet, de façon à commercialiser notre fille géniale.

7

— Où allez-vous comme ça?

La question provient du poste de garde à l'entrée de la résidence. Un homme d'âge moyen aux lunettes perchées sur la pointe du nez y est installé avec un journal étalé devant lui et une canette de Coca-Cola dont la paille vient tout juste de quitter ses lèvres. Les jours de semaine, personne n'occupe ce poste.

— Au troisième…

Océane s'interrompt. Elle a failli ajouter «pour mon atelier multimédia».

— Et pour aller voir qui?

— Jean-Luc Gélinas.

— Notre grand-père, précise Ulrich, sans l'ombre d'une hésitation.

— Il faut signer le registre, indique l'employé en reportant ses yeux sur le journal et ses lèvres sur la paille.

L'adolescente s'avance, aperçoit un dossier ouvert et récupère le crayon au bout de la chaînette fixée au bureau. Elle se met à remplir la première ligne vide. Numéro de chambre, personne visitée, heure d'arrivée. «Comme ils sont officiels la fin de semaine!» pense la jeune fille.

— Votre frère est déjà là, leur apprend le gardien entre deux gorgées.

— Notre frère?

— Il est arrivé, ça doit faire un quart d'heure.

Océane est prise au dépourvu. Heureusement qu'Ulrich, grâce à son habituelle perspicacité, réagit avec un naturel impeccable.

— Mathieu, oui. C'est vrai, il a dit qu'il viendrait voir grand-p'pa. Mathieu est notre cousin.

L'homme approuve du menton pendant qu'Océane s'en veut d'avoir eu l'air si stupide.

— Et vos parents? questionne de nouveau l'employé avec une pointe d'hésitation, alors que les visiteurs se dirigent vers l'ascenseur.

— Ils sont trop occupés pour venir aujourd'hui. À notre école, il y a une campagne de sensibilisation sur la solitude des aînés. Les jeunes doivent être proactifs.

Sans réaction, l'homme se replonge dans sa lecture et les enfants peuvent rejoindre l'ascenseur. Une fois les portes refermées sur eux, Ulrich s'exclame avec enthousiasme:

— Bien vu, le coup de la campagne de sensibilisation: c'était parfait!

— Ulrich, il y a vraiment une campagne comme ça à mon école.

Son frère esquisse une moue de déception qui irrite Océane.

— Ce n'est pas comme toi. Tu deviens un peu trop bon menteur, si tu vois ce que je veux dire.

Le garçon hausse les épaules.

— Ce n'est pas ma faute. J'apprends des erreurs des autres. C'est naturel, ça fait partie de mon talent.

— Ton talent, c'est de deviner les mensonges.

— Oui. Mais pourquoi ? Si je ne peux pas l'utiliser, alors à quoi bon ?

— Je n'aime pas ton raisonnement, Ul. Vraiment pas. C'est comme si les détectives qui démasquent les criminels devaient forcément se servir de leur expertise pour eux-mêmes commettre des crimes par la suite.

Les portes de l'ascenseur qui s'ouvrent sur le troisième étage mettent fin à la conversation. Océane espère que sa remarque fera son chemin dans le cerveau de son frère. Elle se promet de reprendre cette discussion prochainement.

Pour l'instant, le frère et la sœur arrivent en face de la chambre 316 et ils sont tous les deux excités à l'idée de déjouer le piège sournois tendu aux résidents.

Au lieu de l'habituel « Entrez », un rire sonore accueille leurs coups à la porte. Océane le prend pour une invitation et ouvre sans attendre.

Le jeu de Scrabble est étalé sur une petite table portative dépliée entre le fauteuil roulant, d'un côté, et un siège d'appoint, de l'autre. Les adversaires affichent les mines réjouies de joueurs qui ont soit utilisé beaucoup de lettres pour composer un mot original, soit placé judicieusement quelques pièces leur rapportant une myriade de points.

— Tu m'étonnes sérieusement. Je pensais que les jeunes de ta génération boudaient tous les mots de plus de quatre lettres. Si tu vois ce que je veux dire, s'esclaffe Jean-Luc tout en remarquant l'arrivée des nouveaux venus. Vous voilà ! On va pouvoir commencer.

Avec une pointe de regret visible, l'homme délaisse le tableau de lettres à moitié rempli.

— On pourrait garder le jeu ouvert dans le bas de votre étagère et le poursuivre demain. Ma grand-mère faisait ça pour les parties qui s'allongeaient ; sinon, ma mère se serait fâchée que je ne fasse jamais mes devoirs au retour de l'école.

Jean-Luc Gélinas recule son fauteuil jusqu'au lit pour laisser l'adolescent effectuer le laborieux transfert de la planche de jeu sans la plier ni déplacer les pièces.

Une fois la manœuvre terminée, Mathieu et Jean-Luc accueillent convenablement le frère et la sœur. Océane a l'impression que l'adolescent est plus amical et détendu avec elle que la dernière fois. Elle a droit à un large sourire qui découvre des dents particulièrement étincelantes.

— Bon, on a du pain sur la planche. Tout d'abord, je pense qu'on peut définitivement supposer que le coupable ne travaille pas la fin de semaine. Aucun incident n'est survenu hier ni aujourd'hui.

— Ça va réduire le nombre de suspects.

— Pas de beaucoup. Il y a peu d'employés la fin de semaine.

— Ça fait au moins ça, commente Mathieu. Alors, comparons nos résultats et voyons ce qui en ressort.

Installés autour du lit sur lequel ils ont étendu, déplié et déroulé leurs feuilles de papier respectives, les détectives en herbe s'affairent pendant presque une heure à éplucher la liste de suspects. Ils se concentrent surtout sur ceux qui auraient eu les moyens, ou plutôt l'occasion, d'orchestrer les cinq incidents. Cette façon de procéder laisse Océane plutôt sceptique, ce dont elle fait part aux autres.

— Pourquoi ces gens que vous citez iraient faire du mal aux résidents ? Pourquoi se donner tant de peine pour effrayer ou même blesser ? On ne peut pas soupçonner une personne plutôt qu'une autre, parce qu'on ne les connaît pas vraiment.

— Bah, je les connais tout de même un peu, puisque je les vois cinq jours par semaine. Mais bon, c'est certain qu'on ne sait rien de leur vie privée, concède Jean-Luc.

— En tout cas, selon moi, c'est important de se demander "pourquoi" tel ou tel suspect. Plus important que "comment" il l'aurait fait !

— Et comment proposes-tu qu'on en sache plus sur eux ? l'interroge Mathieu.

Pour toute réponse, la jeune fille regarde le résident. Après tout, c'est le seul adulte présent.

Adulte qui, en plus, vit au Grand Chêne et en connaît les pensionnaires et employés beaucoup mieux que les deux adolescents et le garçon. Saisissant le message tacite d'Océane, Jean-Luc arbore un air songeur pendant que le reste du groupe demeure silencieux et immobile, y compris Ulrich.

Finalement, Mathieu et Jean-Luc prennent la parole exactement au même moment, rendant impossible pour quiconque de les comprendre. Les deux se taisent pour laisser l'autre parler, attendent et reprennent de nouveau simultanément. Ulrich éclate alors de rire pendant que Jean-Luc s'emporte vivement.

— Le temps n'est pas à la blague. Je ne vois vraiment pas ce qui est si drôle. Vas-y, Mathieu ! Dis ton idée !

Océane remarque que la tête de son petit frère assis sur le lit à ses côtés semble être rentrée dans ses épaules de quatre ou cinq centimètres.

— J'ai pensé que les employés ici, c'étaient un peu comme les élèves à l'école. Je veux dire… pour les connaître.

La jeune fille regarde Mathieu avec une moue d'incompréhension, mais elle le laisse poursuivre.

— Ben, à l'école, on peut souvent découvrir quelqu'un en fouillant son casier. En voyant comment la personne le range, ce qu'elle y conserve ou, parfois même, les traces de certains secrets.

Océane doit avouer que l'idée n'est pas saugrenue.

— Les employés ont tous des casiers au sous-sol. On pourrait...

— ... aller les inspecter, complète Jean-Luc avec un hochement de tête approbateur. Mais les cadenas...

— La majorité des casiers n'ont pas de cadenas. Je l'ai vu, ajoute Mathieu, puis il se met à bafouiller, visiblement sur la défensive. Pas... pas que j'aie été fouillé... ou quoi, ce n'est pas mon genre. Juste que... j'ai remarqué que c'est différent ; à l'école, tout le monde verrouille son casier.

— On ne t'accuse de rien, le jeune.

Océane ne peut s'empêcher de trouver suspecte la réaction de l'adolescent. Est-ce que les casiers sont un terrain miné pour lui ? Est-ce lié au délit qu'il a commis pour écoper de travaux communautaires ?

Pendant que la jeune fille s'efforce de sourire pour dissimuler ses pensées suspicieuses, Jean-Luc prend une feuille pour inscrire les différentes tâches qu'ils vont se répartir. Il poursuit ensuite avec la présentation de sa propre idée. Celle-ci concerne directement le concierge. Le résident propose d'appeler l'ancien employeur de celui-ci sous prétexte de vérifier ses références. Le concierge ne travaille au Grand Chêne que depuis quatre mois. Il était auparavant au Manoir Saint-Claude, une autre résidence pour personnes âgées.

— Je me rappelle que Jules a dit "Manoir Saint-Claude", car j'ai aussi visité ce centre avec... avant de choisir celui-ci. Donc, je vais me faire passer pour un gérant de ressources humaines d'une école et vérifier quelle sorte d'employé il était, s'il y a eu des plaintes à son sujet, etc. Bref, j'essaierai d'en apprendre le plus possible.

— Et nous ? On fait quoi ? demande Ulrich, un peu boudeur.

— Sois patient, réplique Jean-Luc. Retournons à la liste. Il y a sûrement moyen de l'écourter un peu.

Le petit groupe poursuit le travail de réduction du nombre de suspects. De leur longue énumération d'employés, ils se mettent à écarter ceux qui n'ont pas accès aux fiches d'usager (nécessaires pour obtenir des informations comme le numéro de cellulaire ou le nom des membres de la famille), ou aux différents locaux où les événements sont arrivés (des chambres du troisième étage jusqu'à la piscine du sous-sol). Occasions et moyens demeurent leurs principales considérations dans cette première élimination.

Après cette étape préliminaire, les suspects sont encore nombreux. Ils ne peuvent qu'en aboutir au constat initial d'Océane : le mobile est l'élément crucial de tout crime. La psychologue de l'adolescente lui a répété souvent que si on comprend pourquoi on agit d'une certaine façon, pour quelles raisons on se préoccupe tant de certains aspects de notre vie, une bonne partie du problème sera déjà réglée. Mais ce n'est jamais évident et il faut bien connaître le sujet. En thérapie, c'est difficile et, pourtant, il est question de soi-même.

Dans le cas qui les intéresse, ils doivent découvrir ce qui pousserait un employé à terroriser les résidents. Folie? Vengeance? Pure méchanceté? Ils ont beau analyser la problématique sous tous ses angles, ils en reviennent constamment au plaidoyer de la folie (mais pas passagère, comme on écrit souvent dans les journaux, puisqu'elle se répète chaque jour de semaine).

— Comment savoir lequel serait assez salaud pour faire une chose pareille? On ne pourra pas se renseigner sur tous ces gens, soupire Mathieu.

Océane et Jean-Luc affichent la même mine découragée tandis qu'Ulrich, lui, ne semble pas si pessimiste.

— Ben, juste à faire ce qu'on fait toujours de toute façon.

— Qu'est-ce que tu veux dire, Ul?

— Ben, on s'en remet à notre instinct. Moi, le mien, je peux m'y fier. Il est super performant.

— Ouais, on commence à le savoir. Tu as dû nous le répéter quatre ou cinq fois cet aprèsmidi, se moque Mathieu, sans une once de méchanceté dans la voix.

— C'est certain qu'on a tous notre idée sur ces personnes, Ul, mais on veut plus. On veut de quoi être pris au sérieux par la police. Des preuves!

— Ton frère a raison! s'écrie subitement Jean-Luc. À défaut d'avoir mieux, on se fie à notre instinct. Votons à main levée pour les suspects de notre dernière liste, ceux qui ont accès à tous les endroits. On lève la main si on pense que l'individu pourrait être notre coupable.

Finalement, il apparaît que l'instinct des uns et des autres diffère substantiellement. La majorité des noms récoltent au moins un vote. L'infirmière roumaine et le concierge en reçoivent le plus, bien que tous s'entendent pour dire que ce n'est pas une raison pour éliminer les autres.

— On n'est pas plus avancés, se lamente Mathieu. Ça nous prendrait de vrais indices.

— Souvent, à la télé, les tueurs en série laissent une signature.

Océane adresse un sourire très maternel à Ulrich.

— Ul, on n'est pas dans un cas de tueur en série; sinon, tu peux être certain que je ne te permettrais pas de traîner ici.

— C'est quand même une série d'incidents et il y a peut-être quelque chose qui s'est répété. Quelque chose qu'il fait pareil d'une fois à l'autre! Comme une manie, précise le garçon en jetant un furtif coup d'œil à sa sœur.

Celle-ci lui sourit imperceptiblement. Elle a compris son allusion et ne sait pas si elle doit s'en offusquer. La jeune fille glisse dans une réflexion très personnelle, laissant les autres converser sans elle. Elle observe la liste de nouveau, tout en repensant aux événements, cherchant à se remémorer s'ils présentaient des caractères communs ou si une quelconque manie de l'un des employés ne permettrait pas de le distinguer des autres. Mais elle ne trouve rien d'anormal à personne.

Son regard songeur se pose sur les mains fortes de Mathieu, qu'il conserve calmement sur ses genoux. Ce garçon avait bien une manie, lui, la semaine précédente. Il manipulait une pièce de Scrabble sur ses jointures. Le petit roulement habile qui agaçait la jeune fille a disparu.

— Tu n'as pas de pièce de Scrabble aujourd'hui, Mathieu ? demande-t-elle candidement.

Il esquisse un demi-sourire.

— Non. En fait, habituellement, j'aime rouler un dollar sur ma main, de l'intérieur vers l'extérieur, sans arrêt. C'est un truc que mon père m'a montré. Regardez !

En parlant, l'adolescent a récupéré une pièce d'un dollar dans la poche de son jeans. Il la fait circuler tranquillement sur ses articulations.

— Cool ! commente Ulrich. Je veux essayer.

— Tu le faisais avec des lettres, jeudi et vendredi.

— Oui, je le fais avec des jetons, n'importe quoi. Ça devient une manie. Ici, on dirait qu'ils font exprès de laisser traîner des pièces de Scrabble partout.

La jeune fille acquiesce de la tête pendant que son frère en est à sa troisième tentative infructueuse de faire rouler le dollar sur sa main.

— Tu as une idée derrière la tête, on dirait, intervient Jean-Luc.

Absorbée, Océane garde le silence. Elle repense à son atelier du mercredi, annulé à cause de la chute du résident. Elle revoit soudainement une petite pièce coincée dans le siège du fauteuil roulant.

— Mathieu, jeudi, tu as dit que la pièce venait de la cafétéria, n'est-ce pas?

— Ouais...

— Savez-vous quand madame Ledoux a reçu son appel de l'hôpital, ce jour-là?

Jean-Luc esquisse d'abord une moue dubitative, puis fronce les sourcils dans un effort visible de concentration.

— À midi. Oui, à l'heure du dîner. Moi, je l'ai su plus tard, mais elle était avec Rosa et Juliette. Tout de suite après le repas.

— Où mangeaient-elles?

— À la cafétéria, comme d'habitude. Je les y vois souvent. C'est moi, cette fois-là, qui ai préféré manger ici.

— D'accord, fait Océane. Et Mathieu, vendredi: elle venait d'où la pièce?

Au lieu de répondre, le jeune homme jette un regard inquisiteur à l'adolescente. Dans ses yeux sombres, la jeune fille comprend qu'il suit le même raisonnement qu'elle, pas à pas. Et maintenant, il semble tenir à l'information qu'elle ne possède pas encore. Elle se sent rougir.

— Tu as vu une pièce de Scrabble, toi aussi ? lui demande-t-il.

— Oui.

— À quoi vous jouez, vous deux ? s'impatiente Jean-Luc. Si vous savez quelque chose qu'on ignore, ne le gardez pas pour vous !

— Je pense que notre coupable laisse peut-être une trace, comme l'a supposé Ulrich, explique Océane avec une excitation soudaine dans la voix.

Ses mains tremblent légèrement lorsqu'elle rattrape le dollar qu'Ulrich ne cesse de faire tomber par terre pour le rendre à Mathieu.

— Ah oui ? Des pièces de Scrabble ?

Océane révèle alors qu'elle a récupéré une pièce dans le siège du fauteuil roulant, le mercredi précédent.

— Et puis, moi, j'en ai ramassé une à la cafétéria jeudi. Et celle de vendredi, je l'ai prise… Devinez où ?

Personne ne veut répondre. Tous fixent Mathieu dans l'espoir qu'il livre la bonne réponse, celle qui leur donnera une première piste sérieuse.

— Dans la chambre des deux vieux. Plus précisément, sur un plateau que la dame m'a demandé de rapporter en partant.

— Et moi, je vous ai dit que Rosa affirme avoir trouvé les ciseaux sur son plateau.

Un silence plane un bref instant.

— Vous êtes géniaux! s'écrie le résident en claquant des doigts. On va l'avoir. Oh oui!

Océane est un peu mal à l'aise devant cette éclatante démonstration d'enthousiasme. Même si elle se sent encouragée, elle comprend que cette nouvelle information rend surtout leur problème plus réel et menaçant, mais ne le résoud pas.

— On n'a plus les pièces, remarque Mathieu avec regret. Il y aurait peut-être eu des empreintes et on aurait pu les donner à la police.

— Probablement des dizaines d'empreintes, confirme Jean-Luc. Le plus important pour l'instant est que vous vous rappeliez quelles lettres. Alors, Mathieu?

— Quoi?

Ulrich frétille d'impatience.

— Quelles lettres étaient sur tes pièces?

L'adolescent grimace. De malaise, semble-t-il.

— C'est idiot, avoue-t-il en se grattant le haut de la tête. Je ne m'en souviens plus. Je ne suis pas tellement visuel, ben... Ce n'est pas comme si je jouais. Je devais seulement les rapporter. Je n'ai pas fait attention.

— Ben voyons ! Concentre-toi, ça va te revenir, insiste Jean-Luc avec un brin d'impatience dans la voix.

— Pas besoin, annonce Océane. Je sais quelles lettres tu avais. Celle de jeudi, c'est moi qui l'ai rangée. Tu te rappelles ? C'était un **B**. Et puis, vendredi, j'ai vu que tu jouais avec un **C**.

Mathieu est visiblement soulagé. La jeune fille poursuit.

— Et je me souviens très bien que mercredi, la pièce coincée dans le fauteuil était un **M**.

— **M**, **C**, **B**. On n'ira pas loin avec ça. Ça ne donne même pas un mot. Il nous manque les lettres de lundi et mardi. Comment faire pour les récupérer ?

Après une pause de réflexion où l'on aurait pu entendre une mouche voler, tous se mettent à parler en même temps. Deux minutes plus tard, plusieurs actions se dessinent avec clarté. Pour madame Martel qui a lu son propre avis de décès, Mathieu ira inspecter le coin journaux de la grande salle, mais comme le local est rangé tous les jours, la pièce aura probablement disparu.

Si tel est le cas, Océane s'occupera d'effectuer une petite visite « service après-vente » à madame Dupuis qui était avec Élise Martel ce jour-là. Comme elle est encore très vive mentalement, elle se rappellera peut-être la présence d'une pièce de Scrabble. La résidente sera de toute façon ravie de l'occasion de s'entretenir avec la jeune fille.

Récupérer une pièce de Scrabble dans les environs de la piscine s'avère une tâche plus complexe. Tandis qu'Océane suggère à Jean-Luc d'intervenir, ce dernier leur apprend que non seulement il n'a jamais mis les pieds à la piscine, mais qu'il ne sait pas nager, et qu'il ressent même une sorte de panique près d'une étendue d'eau. Après plusieurs tergiversations, il est décidé que Mathieu ira en mission de repérage le lendemain en fin d'après-midi.

— Quand Jules s'occupera des toilettes du quatrième, j'aurai le temps d'inspecter la piscine, les vestiaires et la zone d'entretien. Bref, tout ce que je pourrai.

En dehors des périodes d'utilisation, l'endroit est verrouillé, ce qui ne pose aucun problème, car Mathieu sait où sont gardées les différentes clés.

— Et moi, je pourrais t'accompagner pour surveiller tes arrières au cas où quelqu'un viendrait te déranger, propose le frère d'Océane, les yeux brillants.

— C'est vrai qu'il pourrait donner l'alarme à Mathieu, approuve Jean-Luc. Et si tu te fais voir, Ulrich, tu pourras aisément t'en sortir avec la petite réprimande verbale de ne pas te promener n'importe où et de rester avec ta sœur.

Le garçon est enchanté de sa nouvelle responsabilité et visiblement ravi qu'Océane ne s'y oppose pas.

Lorsque leur visite se termine, les jeunes quittent la chambre du résident, excités et satisfaits. Le lendemain, ils trouveront sûrement les autres lettres de Scrabble et le coupable se démasquera de lui-même.

O

— Vous prenez le bus de quel côté ? s'informe Mathieu, en suivant des yeux les sautillements d'Ulrich, qui ouvre la marche.

— De l'autre côté, vers la station de métro ; on n'a même pas dix minutes de trajet, précise Océane en ralentissant le pas. Toi ? Est-ce que tu habites près d'ici ?

— Moyen... À quelle heure passe votre bus ?

La jeune fille consulte sa montre. Il n'est pas dix-sept heures, seulement elle a dit à ses parents qu'ils seraient de retour bien avant le souper.

— Je pensais prendre celui qui arrive dans sept minutes.

Pensais. Pourquoi *pensais* ? Elle parle déjà au passé, comme si elle avait changé d'avis et qu'elle était prête à rester avec lui, à le suivre vers une destination exotique.

— On pourrait aller au Tim Hortons. Il est à cinq minutes d'ici.

L'adolescente sourit, s'efforçant de se contenir pendant qu'elle hésite. Ulrich, qui les a distancés, en profite pour se retourner et faire la moue de quelqu'un qu'on fait attendre.

— Est-ce que tu arrives ? se lamente-t-il.

Et pourquoi pas? Pourquoi ne pas aller avec Mathieu? «Parce que je n'ai pas un sou, se souvient alors la jeune fille, et ce n'est pas Ulrich qui risque d'en avoir plus.»

— Je vous offre un beigne chacun. C'est ma tournée, ajoute Mathieu, comme s'il lisait dans ses pensées.

Pour la deuxième fois ce jour-là, elle ressent une impression de connexion avec l'adolescent qui lui laisse une sensation étrange.

— Hé, Ul! Tu as envie d'un beigne? propose Océane sans douter un instant de sa réponse.

Le garçon se précipite vers eux avec un enthousiasme débordant.

— D'accord, accepte la jeune fille. On fait vite, par exemple, car on devra prendre le bus suivant.

— Chouette! s'exclame Mathieu, un sourire ravi venant éclairer son visage.

— Choisissez une table, je vais commander. Quelle sorte voulez-vous?

— Glacé à l'érable pour nous deux, répond Ulrich avec assurance.

— Et comme boisson? Est-ce que tu prends un café, Océane?

La jeune fille secoue la tête négativement.

— Oui, affirme son frère. Deux laits et trois sucres.

— Non, Ul. Pas de café pour toi! Rien à boire, Mathieu. Juste un beigne. Merci.

L'adolescent hausse les épaules, puis se glisse au bout de la courte file d'attente au comptoir.

Le commerce est presque désert à cette heure de la journée. Océane choisit une table située près d'une large fenêtre. Elle s'assoit et intime à Ulrich de prendre le siège en face d'elle.

— J'ai le soleil dans les yeux. On serait mieux là-bas dans le coin, gémit-il, mais comme sa sœur ne donne pas l'impression de vouloir changer de place, il se faufile dans le siège à côté d'elle.

Au comptoir, Mathieu converse amicalement avec l'employé. Ils semblent se connaître, constate Océane qui est ensuite surprise de voir Mathieu se diriger vers eux avec une pleine boîte de beignes.

Il s'assoit en face d'elle, pendant qu'Ulrich s'exclame, les yeux ronds:

— Toute une boîte! T'es riche!

— Pas vraiment, répond l'adolescent avec un air étrange qu'Océane ne parvient pas à déchiffrer.

La jeune fille saisit des serviettes de table et les distribue. Seul son petit frère a réussi à prendre une bouchée de son beigne lorsque l'employé au comptoir s'approche avec un plateau rempli de boissons.

— Salut! Alors, j'imagine que le chocolat est pour toi, dit-il en le déposant devant Ulrich.

Il sourit ensuite à Océane en lui tendant un berlingot de lait, puis termine avec un café pour Mathieu.

— Tu me présentes ? demande le nouveau venu en secouant expressément l'épaule de Mathieu.

— C'est mon frère, David, annonce le garçon presque à contrecœur. David, voici Ulrich et Océane.

— Enchanté ! lance gaiement l'employé.

Puis, avec un petit salut presque militaire, il retourne derrière son comptoir.

— Ton frère travaille au Tim ! s'écrie Ulrich, comme si c'était une profession absolument fantastique. C'est cool ! Vous devez manger des tonnes de beignes.

Mathieu s'esclaffe à la remarque du garçon pendant que son regard glisse plutôt vers la sœur de celui-ci.

— J'ai pensé que tu préférerais du lait à un café. Tu aimes le lait, j'espère ?

— Oui, merci.

Songeuse, Océane déguste son beigne. Elle n'ajoute pas qu'il a deviné ses goûts et qu'elle lui est reconnaissante de ne pas avoir offert de café à Ulrich. En fait, elle est heureuse d'avoir son frère pour alimenter la conversation avec Mathieu. Ça lui laisse le temps de s'amuser à remarquer des ressemblances entre l'adolescent devant elle et le jeune homme séduisant au comptoir. Ils ont des traits vraiment similaires, si ce n'est que ceux de David paraissent plus doux, plus joviaux, alors que ceux de Mathieu sont plus sombres et plus sérieux, malgré son plus jeune âge.

— J'ai beaucoup observé les résidents et je crois que certains courent des risques très élevés, déclare Ulrich d'un ton qui ramène Océane dans la discussion.

Lorsqu'il prend cette voix un peu fanfaronne, son frère lance habituellement une de ses observations ridicules.

— Ah oui ? Qui ? Pourquoi ? s'informe Mathieu, sincèrement intrigué.

— Ben, j'en ai vu quelques-uns avec les doigts dans le nez. On peut en mourir, tu sais ?

— Ce n'est pas drôle, Ul. Ne ris pas des gens.

— C'est sérieux, O. J'ai entendu un reportage à la radio qui parlait d'un homme qui se décrottait le nez tout en conduisant sa voiture. Il en est mort. Oui, mort à cause de son doigt dans le nez ! Il a eu un accident et, lors de l'impact avec l'autre auto, le sac gonflable s'est déployé et lui a enfoncé l'index jusque dans le cerveau. Il est mort sur le coup ! Raide mort ! C'est très dangereux de se décrotter le nez.

Cette fois, Mathieu est vraiment pris d'un fou rire auquel se joignent bientôt Ulrich et Océane. La jeune fille s'amuse franchement tout en remarquant que, lorsqu'il rit ainsi, les traits ténébreux du garçon s'éclairent.

« Il est beau… tellement beau ! »

8

Lundi est une journée pédagogique pour Océane, ce qui lui aurait permis de se rendre tôt au Grand Chêne si elle n'avait pas dû attendre son frère.

Sous un ciel lourd de nuages, l'autobus scolaire s'immobilise en face de chez eux. Ulrich franchit au pas de course la distance jusqu'à leur maison. Pour arriver à la résidence avant quinze heures trente, ils doivent attraper le bus de ville qui passe au bout de la rue à peine dix minutes plus tard.

L'adolescente est presque étonnée de la facilité avec laquelle elle a convaincu sa mère de lui laisser la supervision d'Ulrich pour qu'il l'accompagne au Grand Chêne. Elle avait peur que cette envie subite du garçon de passer autant de temps dans une résidence pour personnes âgées éveille les soupçons maternels. Mais, contrairement à ce qu'elle aurait cru, Nathalie Clément n'a montré aucune réticence, annonçant sur-le-champ qu'elle en profiterait pour aller emprunter quelques livres à la bibliothèque après son travail.

Pendant que leurs parents s'affairent à leurs activités journalières respectives en toute quiétude, frère et sœur cheminent vers le centre d'hébergement, portés par une forte dose d'optimisme. Ils sont sur le point de percer le mystère des attaques survenues à la résidence, peut-être ce jour-là, sinon dans les jours suivants. Ils grimpent dans l'autobus de ville alors que les premières gouttes de pluie s'écrasent sur l'asphalte.

Normalement, Océane n'offre pas d'atelier le lundi. Elle espère que personne ne s'en souviendra. La jeune fille compte sur le fait que les employés sont tous très occupés pour circuler incognito jusqu'à la chambre de madame Dupuis. Le dernier texto de Mathieu annonçait qu'il n'y avait aucune pièce de Scrabble dans le coin des journaux de la grande salle. Océane est donc responsable de la deuxième stratégie afin d'obtenir la pièce de l'événement du mardi. Pendant ce temps, son frère se joindra à Mathieu et tous deux exploreront la piscine. Le point de rencontre des garçons est établi devant les portes de l'ascenseur au sous-sol, dès leur arrivée à la résidence.

Comme d'habitude les jours de semaine, ils pénètrent dans une entrée déserte. Sans perdre de temps, la jeune fille se dirige vers l'ascenseur et active l'appel. L'instant d'après, les portes s'ouvrent sur un espace vide. La chance leur sourit. Ulrich appuie sur le bouton «SS» et la cage s'anime après un léger soubresaut.

Quelques secondes plus tard, Mathieu les accueille avec un sourire où point tout de même un brin d'appréhension. Océane ne peut retenir une recommandation un peu trop maternelle.

— Faites attention! Mathieu, ne prends pas de risque avec mon petit frère, d'accord? chuchote-t-elle.

L'adolescent lui offre un sourire plus rassurant, puis agrippe Ulrich par l'épaule pour l'entraîner vers la piscine avant que ce dernier s'insurge à haute voix contre le comportement exagérément protecteur de sa sœur.

L'esprit plus tranquille, la jeune fille actionne le «2» et l'ascenseur se met à grimper. Elle ne veut surtout pas sortir en face du poste d'accueil et devoir se soumettre à d'éventuelles questions de Maria. Elle a donc décidé de prendre l'escalier pour gravir le dernier étage et aboutir plutôt du côté des toilettes.

Une fois parvenue au troisième, elle se dirige vers la chambre de madame Dupuis, située tout au bout du couloir. À mi-chemin, une porte s'ouvre sur Berthe, l'infirmière de l'étage. Aucune possibilité de disparaître; aussi l'intruse s'efforce-t-elle de garder son sang-froid en esquissant un demi-sourire poli.

Océane se tracasse pour rien. C'est à peine si la soignante revêche lui jette un coup d'œil. Elle poursuit son chemin sans autres accrocs.

La porte de la chambre 328 est entrouverte et son occupante fait dos à l'entrée. La femme est installée dans son fauteuil, une revue grande ouverte sur ses cuisses.

— Madame Dupuis?

Pas un mouvement. Elle s'est probablement assoupie. L'adolescente hésite. Doit-elle la réveiller ?

— Madame Dupuis ?

Toujours rien. Océane, qui a parlé plus fort, cette fois, s'avance pendant qu'une sourde inquiétude s'immisce en elle. Et si... Elle avale la boule qui se forme dans sa gorge. Et si la résidente avait rendu son dernier souffle ? Et si ce corps immobile était en réalité sans vie ? Plus elle s'approche et plus ses mains tremblent. Elle se sent à la fois complètement ridicule et véritablement angoissée.

Arrivée juste derrière la vieille dame, elle hésite de nouveau. Doit-elle s'avancer ou poser une main sur son épaule ? Elle se demande ce qui serait le moins éprouvant si la situation prenait un tournant tragique. Doit-elle se risquer à affronter la vue du visage figé de la femme subitement décédée ? Ou bien sentir sous sa main un corps sans vie s'affaisser ?

— Madame Dupuis ?

Sa voix est nettement plus forte. Sauf si la résidente souffre de surdité, ce dont Océane n'a pas souvenir, elle devrait se réveiller.

Un léger mouvement de la crinière rouge permet à la jeune fille de respirer plus librement. Elle contourne le siège tout en déposant doucement sa main sur l'épaule frêle de madame Dupuis.

— Oh ! Si ce n'est pas la belle Océane !

— J'espère que je ne vous dérange pas. Vous dormiez ?

— D'un œil, seulement d'un œil. On ne dort plus réellement à mon âge, tu sais ?

Océane sourit sans commenter. La résidente encore somnolente se secoue maintenant comme un chat tout en repoussant la revue sur son lit.

— Que me vaut ta belle visite ?

— Je me demandais si tout allait bien avec votre appareil photo.

La jeune fille s'engage dans une conversation où elle apprend d'abord à quel point son aide a été utile à la femme de quatre-vingt-trois ans. Preuve qu'on n'est jamais trop vieux pour acquérir de nouvelles connaissances. L'adolescente en est ravie. Avec beaucoup de subtilité et de délicatesse, elle réussit ensuite à détourner l'entretien vers les événements du mardi précédent, en prenant la peine de se faire rassurante. Après un moment, Océane se met à parler, en faisant mine de rien, de pièces de Scrabble dispersées.

— Un résident affirme qu'on lui vole les pièces de son jeu personnel. Je sais qu'on a retrouvé des petites lettres un peu partout.

— Ce doit être cet énergumène. Ce Jean-Guy, n'est-ce pas ?

— Jean-Luc ? Oui, c'est lui.

— Je m'en doutais, grommelle madame Dupuis avec un air qui donne l'impression à Océane que le vieil homme ne tient pas une chaude place dans son cœur. Il raffole de ce jeu, tout comme ma sœur Sonia, d'ailleurs. Ils se seraient bien entendus, ces deux-là. Je la lui présenterais si elle n'était pas six pieds sous terre. Que Dieu ait son âme!

La jeune fille réprime un sourire naissant, ignorant l'humeur réelle de madame Dupuis dont les sourcils se sont froncés au souvenir de sa sœur.

— Elle aimait les jeux de mots.

— *Aimait?* Adorait, oui! Les mots croisés, les mots fléchés, le Scrabble aussi, bien sûr. Mais qu'est-ce que tu voulais savoir, déjà?

— Si vous aviez aperçu des pièces de Scrabble. C'est ennuyeux un jeu où il manque des lettres.

Au lieu de répondre, la vieille dame laisse échapper un profond soupir avant de saisir d'une main la marchette qui repose aux côtés de son fauteuil. Elle avance doucement le haut de son corps, puis, en prenant appui sur son siège, elle se soulève pour atteindre le centre de l'appareil métallique. Elle progresse ensuite avec une certaine aisance vers la fenêtre.

— Ça tombe bien que tu m'en parles. J'en ai ramassé une pour la ranger, mardi dernier, en prenant mon café avec cette pauvre Élise. Pour les adeptes, perdre une de ses pièces revient à jeter tout le jeu. Sais-tu qu'il existe même des vacances de Scrabble? Des amateurs venus de partout se rencontrent dans des endroits exotiques pour pousser ces petites pièces de bois. C'est fou, non ?

En bavardant, la résidente est parvenue jusqu'à la chaise située entre son lit et la fenêtre. Elle glisse maintenant une main dans la poche d'une veste qui repose sur le dossier, tout en gardant son équilibre en s'appuyant de l'autre main sur la marchette.

— Je l'avais oubliée après cette sordide blague dans le journal. Je pense qu'on ne saura jamais qui a pu être aussi ignoble envers la pauvre Élise. Voilà ! Je te la donne.

Océane dissimule son enthousiasme en venant à la rencontre de madame Dupuis.

— Merci, c'est Jean-Luc qui sera content.

La vieille dame remue les épaules, comme si elle voulait les hausser en signe d'indifférence, ce qu'elle ne peut malheureusement plus faire aussi facilement.

— Je vous laisse vous reposer. Merci encore.

— Le plaisir était pour moi. C'est très gentil de ta part d'être passée me saluer.

À ces mots, Océane s'empresse de quitter les lieux tout en refoulant un pincement de mauvaise foi. Elle a obtenu exactement ce qu'elle voulait de cette visite intéressée.

9

Océane regarde l'heure sur son cellulaire pour la troisième fois en moins de cinq minutes. Seize heures deux! Que font-ils? Ulrich et Mathieu devraient être déjà revenus. Elle reporte son attention sur les lettres de Scrabble posées devant Jean-Luc Gélinas: **B**, **C**, **D**, **M**.

Ils ont beau les interchanger dans tous les sens; rien ne leur apparaît. Doivent-ils y lire un message particulier? Sûrement un indice pour comprendre la situation ou découvrir le responsable. Sinon, pourquoi laisser ces lettres? Est-ce le nom du coupable, le nom d'une victime, la raison, le mobile? Si au moins ils savaient ce qu'ils devaient chercher à épeler.

En inspirant profondément, la jeune fille essaie de se calmer. Elle sait pertinemment que les bonnes idées pour les projets d'école, les cadeaux ou n'importe quoi d'autre lui viennent toujours lorsqu'elle est paisible. Elle remet les lettres dans l'ordre trouvé: **D**, **M**, **B**, **C**.

Océane utilise les pièces du jeu du vieil homme qui les a sorties du sac en tissu en l'avertissant solennellement de ne pas les perdre. En l'écoutant, l'adolescente l'a senti bien seul, comme si ces petites lettres remplissaient toute sa vie. Le résident n'a pas souvent de compagnie pour s'adonner à son jeu préféré, ni à d'autres divertissements d'ailleurs.

La veille, au Tim Hortons, Mathieu lui a raconté que Jean-Luc n'avait plus de famille. Sa sœur qu'il aimait beaucoup est morte, il y a bientôt un an, soit presque en même temps que son unique ami, un ancien collègue de travail. Jean-Luc a été manutentionnaire pour le port de Montréal pendant vingt-trois ans avant de recevoir un diagnostic de sclérose en plaques qui l'a progressivement confiné à son fauteuil roulant. «Il ne sort même pas les fins de semaine ni à Noël», se dit Océane en l'observant discrètement.

Cette fois, c'est au vieil homme de montrer des signes d'impatience.

— C'est long, vraiment long! Ça ne peut pas leur prendre autant de temps pour fouiller les abords d'une piscine déserte.

Il vient à peine de terminer sa phrase qu'un léger cognement, davantage un frottement, se fait entendre et que la porte s'ouvre enfin. L'air soucieux, Mathieu pénètre dans la chambre.

— Ulrich est-il avec vous? questionne-t-il en parcourant la pièce du regard.

— Tu vois bien que non! s'exclame Océane avec véhémence.

La jeune fille s'est levée d'un bond.

— Ben, j'espérais qu'il était monté. Je... Notre recherche ne s'est pas très bien déroulée.

— Comment ça, *pas très bien*? Où est mon frère?

Nerveux, l'adolescent secoue la tête, manifestement indécis. La main toujours posée sur la poignée, il fixe Océane et Jean-Luc qui lui ordonne d'entrer et de fermer la porte.

— Allons, gardons notre calme! Ulrich ne peut pas être loin. Explique-nous ce qui s'est passé!

«Et si mon frère ne revenait pas?» s'imagine Océane en sentant la tension augmenter en elle. La panique, sa vieille amie, s'immisce de nouveau dans sa tête remplie d'images catastrophiques de ce qui pourrait être survenu. En accéléré, elle voit Ulrich, la tête fracassée et dégoulinante de sang derrière une porte, ou son corps étendu à l'envers dans l'escalier ouest, le cou bizarrement tordu... Elle détaille les scènes avec d'horribles précisions, convaincue que cette façon de faire chassera le mauvais sort.

— Océane, est-ce que ça va? Océane?

La jeune fille lève les yeux vers les regards inquiets de ses complices. Elle doit se ressaisir à tout prix.

— Oui! C'est bon! Raconte-nous, Mathieu.

Glissant sa main droite sous sa manche de chandail, Océane pince vigoureusement la peau de son avant-bras. La douleur lui permet de reprendre ses esprits alors qu'elle se rassoit, le temps d'écouter Mathieu relater ce qui s'est passé au sous-sol du Grand Chêne. Elle maintient la prise douloureuse sur son épiderme.

Avec beaucoup de maîtrise, malgré une appréhension évidente, le jeune homme leur fait un récit succinct de son équipée avec Ulrich. Le début s'était déroulé à merveille. Mathieu, qui s'était déjà procuré la clé, n'avait eu aucun ennui pour leur donner accès à la piscine et au vestiaire. Pendant qu'Ulrich, demeuré près de la porte, avait gardé une vue sur le corridor, prêt à sonner l'alarme à la venue du concierge, Mathieu s'était affairé à inspecter les lieux méticuleusement. Le tour de la piscine ; les vestiaires féminins et masculins ; les toilettes ; le cubicule vitré de surveillance ; la grande penderie à doubles portes donnant accès aux planches, vestes de sauvetage et divers accessoires…

— Vraiment, j'ai fouillé partout sans trouver la moindre pièce de Scrabble. En fait, sans rien trouver qui ne soit pas parfaitement rangé. Le concierge est probablement un obsédé du classement.

— Il fait bien son travail. Ce n'est pas un vice ! réplique Océane.

— Finalement, il ne restait que le local de rangement près de la sortie de secours, en retrait de la piscine. Ce réduit contient les produits utilisés pour l'entretien de l'eau. Je trouvais ça important de l'examiner. Sauf que c'est dans un petit corridor loin de l'entrée. Bref, on avait convenu qu'Ulrich taperait très fort sur le mur si quelqu'un arrivait. On pensait que ça suffirait.

— Le concierge est arrivé, je suppose.

Mathieu acquiesce de la tête.

— Je n'ai pas entendu l'avertissement. Seulement, la radio de son cubicule s'est mise à vibrer à travers le mur. J'ai alors verrouillé le local à toute vitesse et je me suis enfui par la sortie de secours.

— Et Ulrich ?

— Lui, il devait partir par l'entrée. Comme Jules n'a pas crié, j'ai cru qu'Ulrich avait eu le temps de filer sans se faire prendre et qu'il était revenu ici. Je vais retourner voir.

— Jules soupçonnera quelque chose si tu surgis à la piscine, commente Jean-Luc. Il t'a sûrement laissé une tâche à faire.

— Balayer le plancher de l'aile est du deuxième.

Océane, qui a repris ses esprits, propose une solution plus raisonnable.

— Vas-y ! Moi, je me charge de retrouver Ulrich. C'est mon frère, c'est normal. Et puis, il est peut-être simplement allé à la cafétéria pour quêter un dessert.

Cette éventualité rassure les trois compagnons. Eux qui pensaient pouvoir rassembler leurs trouvailles et progresser dans la résolution du mystère doivent tout remettre à plus tard pour s'occuper de l'urgence.

Au moment où Mathieu s'apprête à partir, évitant le regard d'Océane, trois coups vigoureux contre la porte le figent sur place.

— Ulrich ne cognerait pas si fort, chuchote l'adolescente. Attendez-vous quelqu'un?

Jean-Luc secoue la tête négativement tout en faisant signe à Mathieu d'aller se dissimuler dans la salle de bain. La jeune fille jette un coup d'œil nerveux à la pièce avant de s'apaiser promptement. «Il est tout à fait normal que je vienne rencontrer un résident. Je n'ai pas à paniquer.»

— Va ouvrir, s'il te plaît, l'invite Jean-Luc en s'efforçant de conserver un ton paisible.

Océane obtempère pour découvrir de l'autre côté de la porte un Ulrich affichant un sourire penaud sous un regard brillant d'excitation. Le garçon est flanqué de Jules, l'air fâché, qui le retient par le haut de son coupe-vent. Sous le choc, l'adolescente demeure pantoise un instant, puis s'offusque de la façon dont cet homme se permet de tenir son frère. Elle doit se retenir pour ne pas agripper la main du concierge et la repousser, ou du moins tenter de lui faire lâcher Ulrich.

— Ul! Qu'est-ce qui se passe? On... Je...

Océane se sent prise au dépourvu. Que peut-elle dire qui ne gâche pas tout? Son frère semble sain et sauf, le plus important est donc réglé. Maintenant, la situation est manifestement compliquée.

— Pourquoi empoignez-vous ainsi ce garçon? Laissez-le! ordonne Jean-Luc.

Le concierge, un homme au physique plutôt modeste, possède la tête d'un dur à cuire.

Large mâchoire, nez brisé, probablement dans sa jeunesse, yeux sombres rapprochés sous des arcades sourcilières saillantes. À cet instant, le personnage, visiblement de mauvaise humeur, jette un regard belliqueux au résident qui ose lui parler sur ce ton. Durant quelques secondes, Océane se demande s'ils ne seront pas témoins d'une bagarre. Puis, curieusement, l'employé s'adoucit. Il relâche sa poigne sur le manteau d'Ulrich qui en profite pour entrer dans la chambre.

— Ce gamin était dans ma piscine. Ma piscine fermée. La baignade publique est interdite.

L'adolescente regarde son frère et remarque alors les bouts de mèches collées sur sa nuque. Ulrich s'est manifestement baigné. Son petit frère de dix ans a eu le culot d'aller nager dans une piscine sans surveillance et sans permission. Elle en est sans voix.

— Ulrich! Voyons, qu'est-ce qui t'a pris? improvise le vieux résident d'un ton juste assez impatient pour être crédible.

— Ben, je ne sais pas...

— *Je ne sais pas. Je ne sais pas*. C'est tout ce qu'il sait dire après une telle bêtise, s'énerve le concierge. Où sont ses parents?

— Bon, je crois devoir prendre la responsabilité dans cette histoire, déclare Jean-Luc devant le frère et la sœur figés. J'ai demandé au petit d'aller chercher Mathieu. Je lui ai précisé qu'il pouvait être à l'un des étages ou au sous-sol. Je lui ai suggéré de fouiller partout, pensant que ça l'occuperait pendant que sa grande sœur m'installait un logiciel. Vous connaissez Océane ?

Le vieil homme, devenu tout à coup l'être le plus sociable de la communauté du troisième âge, se met à présenter au concierge grognon l'élève du programme international qui anime l'atelier d'aide technologique.

— Je sais pour l'atelier. Son frère n'a pas le droit de fouiller partout. Une piscine est un endroit dangereux, nous pourrions être poursuivis s'il était survenu un accident.

— Je suis vraiment désolée, s'excuse Océane. Ça n'arrivera plus, je vous le promets. Ulrich, tu as mal agi. Tu restes avec moi à partir de maintenant.

— Je ne comprends pas comment il a pu entrer, marmonne l'employé d'un ton un peu plus posé. La piscine est barrée en permanence.

— Je vous ai dit que la porte n'était pas clenchée, juste appuyée, répète Ulrich avec une véhémence criante d'honnêteté.

— Aïe ! Ça, c'est assurément une source de risques, Jules. Il faut faire vérifier cette porte au plus vite, recommande le résident avec un regard insistant sur le concierge.

— Il n'y a aucun problème avec la porte. Et je suis certain de l'avoir bien fermée.

— Ben là ! Il n'a tout de même pas forcé la serrure. Est-ce…

— Je n'ai pas dit que la serrure avait été forcée, l'interrompt le concierge. Bon, laissez faire ! Que je ne le revoie plus traîner, par exemple.

— Promis, s'empresse d'intervenir Océane tout en poussant Ulrich du coude.

— Promis, répète le petit frère pendant que Jules fait mine de les quitter.

Soudain, l'homme redresse la tête.

— Vous lui vouliez quoi à Mathieu ?

Jean-Luc ne paraît pas du tout décontenancé par la question.

— Simplement lui proposer de faire une partie de Scrabble avec moi. Après son travail, évidemment. Ce jeune est étonnamment bon.

Le concierge braque des yeux méfiants sur le résident pendant quelques secondes, puis il sort de la chambre en refermant la porte derrière lui.

Le petit groupe demeure figé un bref instant dans une parfaite immobilité. Finalement, Ulrich brise le silence en se laissant tomber sur le lit de Jean-Luc :

— Ouf ! Quelle histoire ! Mathieu n'est pas avec vous ?

Comme pour lui répondre, l'adolescent sort de la salle de bain. Il fixe Ulrich avec des yeux où se mêlent soulagement et incompréhension.

— Non, mais qu'est-ce que vous avez tous à me regarder ? s'écrie le frère d'Océane. Vous devriez me remercier à la place. Surtout toi,

Mathieu ! J'ai choisi la diversion parfaite pour te permettre de partir.

— Tu devais cogner s'il arrivait.

— Je l'ai fait, se défend le garçon un peu trop rapidement pour convaincre sa sœur. Seulement il est entré, a allumé les lumières, puis sa musique. On n'allait pas pouvoir s'éclipser comme des fantômes, de toute façon. En attirant son attention sur la piscine, je t'ai permis de fuir.

— Tu sais, le concierge pourrait porter plainte contre toi, soutient Océane. Imagine si tes agissements venaient aux oreilles de papa et maman.

— Je n'ai rien fait de mal. C'est vrai !

— Reviens sur terre, Ul. Tu es allé te baigner dans une piscine privée et verrouillée.

— Tu en fais un cas pour rien, O. Ça vaut parfois la peine d'enfreindre les règles. Tu étais d'accord pour que Mathieu et moi, on entre sans permission. Est-ce que c'était le comportement le plus correct ?

Sa grande sœur se pince les lèvres sans répondre. Elle déteste se disputer avec Ulrich. Cela tourne souvent en bagarre d'arguments et, malgré son plus jeune âge, le garçon peut réfléchir et répliquer à toute vitesse. Il manipule les événements à son avantage, les présentant sous forme de questionnement agaçant. Heureusement, cette fois, Jean-Luc s'en mêle et met fin au différend.

– L'important, c'est qu'Ulrich soit de retour sain et sauf et que notre enquête soit demeurée secrète. Revenons à nos moutons, ou plutôt à ces pièces de Scrabble. Surtout que votre escapade ne nous rapporte rien en fin de compte.

– Avant, moi, je veux dire que mon idée de sauter dans l'eau était vraiment bonne, sinon on aurait été tous les deux pris la main dans le sac. Le concierge aurait sûrement compris qui a ouvert la piscine et aurait insisté pour tout savoir.

– Ce qui aurait pu me causer beaucoup d'ennuis, complète Mathieu avec un regard de remerciement pour Ulrich.

Le résident approuve d'un hochement de tête la position du garçon. Celui-ci s'est senti comme un héros et éprouve le besoin qu'on reconnaisse son initiative dans le feu de l'action. Par contre, sa grande sœur, qui se sent responsable de sa sécurité, s'en veut de l'avoir laissé prendre des risques.

— Tu avais apporté ton maillot au cas où ? parvient-elle tout de même à plaisanter.

— Non. J'y suis allé en bobettes. J'ai le derrière tout mouillé, se plaint-il en glissant sa main sous ses fesses.

— Descends de mon lit si tu es mouillé.

Malgré la physionomie souriante du vieil homme, la remarque est exprimée avec fermeté. Ulrich va donc s'asseoir sur le rebord de la grande fenêtre aux côtés de Mathieu.

L'adolescent tend son poing fermé vers le garçon qui y cogne le sien avec un hochement de tête fier.

Le cas de la baignade illicite enfin réglé, les quatre pseudo-détectives se concentrent sur leur problème. Aucune pièce de Scrabble n'ayant été découverte à la piscine, ils n'ont que celle récupérée par Océane pour se réjouir. Le résultat est plutôt déconcertant : **D, M, B, C**.

Quatre consonnes. Qu'est-ce que ça signifie ? Pourquoi le coupable laisse-t-il des lettres ? Pourquoi n'y en avait-il pas au sous-sol ? Quelqu'un l'aurait-il simplement ramassée ? Comment résoudre l'énigme s'il leur manque la première pièce ? Le problème se complexifie de minute en minute et leurs réflexions doivent malheureusement se poursuivre seulement à trois. Mathieu n'a que trop traîné ; il doit s'empresser d'aller balayer le deuxième étage.

— Le concierge doit te chercher partout.

— Bah ! Pourvu qu'il ne me voie pas sortir d'ici, je m'occupe du reste, commente le garçon en retournant dans la salle de bain prendre son gros balai.

— Je vérifie si la voie est libre, annonce Ulrich, quittant la chambre sans même attendre d'approbation.

Il revient l'instant d'après.

— Pas de méchant concierge à l'horizon.

Au moment où l'adolescent leur fait un dernier salut, une alarme sonore retentit dans la résidence. Le bruit est intense, à peine tolérable.

— Le feu ?

— Je ne crois pas, non, avance Jean-Luc. Quand même, il vaut mieux sortir de la chambre.

Mathieu ouvre la porte pour laisser passer Ulrich tandis qu'Océane donne un coup de main à Jean-Luc pour manœuvrer entre les chaises qu'ils avaient rassemblées.

Une fois dans le corridor, ce dernier les informe que l'alarme indique un code blanc. Il ne s'agit pas d'un feu, mais plutôt d'un patient violent.

— Je me demandais quand allait survenir le nouvel incident, émet le vieil homme à voix basse pendant que le couloir se remplit de ses résidents.

10

Pendant que l'alarme du code blanc résonne entre les murs du Grand Chêne, Mathieu et Océane se portent volontaires pour aller collecter un peu d'information. La jeune fille intime à son frère de demeurer avec Jean-Luc. Ulrich proteste, mais sa sœur se durcit davantage.

— Tu en as assez fait pour aujourd'hui!

Le résident fixe d'un regard sombre le garçon intrépide.

— N'essaie pas de me semer, car tu verras qu'il y a beaucoup de poids sous ces roues. Ce ne sont pas tes petites semelles de toile qui te protégeront, si je décide de t'écraser les orteils.

Ulrich amorce un sourire rapidement interrompu par Jean-Luc.

— Je ne plaisante pas.

Océane et Mathieu s'éloignent en zigzaguant entre les personnes âgées. L'aide-concierge a pensé à apporter son balai, ce qui lui donne l'air de l'employé dérangé dans son travail. L'étage normalement tranquille est maintenant bondé et le signal sonore retentit toujours, ce qui fait grimacer certains résidents à l'ouïe encore bonne. Aucun des deux adolescents n'ose demander qui a déclenché l'alarme ; ils préfèrent progresser furtivement.

Océane souhaite qu'un nouvel événement vienne confirmer leur hypothèse. En même temps, elle ne veut surtout pas qu'un malheur soit survenu.

« C'est en dehors de mon contrôle, de toute façon. L'alarme a sonné. Quelqu'un l'a déclenchée. Ce que je peux penser ne changera rien à ce qui est arrivé », se rassure-t-elle.

Finalement, les deux jeunes entendent un ergothérapeute, celui qu'ils ont récemment éliminé de leur liste de suspects, signifier à une résidente de ne pas s'inquiéter.

— Un visiteur a sonné l'alarme afin d'obtenir de l'aide pour calmer sa grand-mère dans le solarium.

Le solarium est une minuscule salle de visite au bout de l'étage. Complètement vitrée, cette petite pièce offre quelques places assises au milieu d'un assortiment de plantes tropicales ainsi que la compagnie d'un cockatiel plutôt volubile.

Sans avoir besoin de se consulter, les deux adolescents prennent la direction du solarium au moment où le signal cesse enfin. Un rassemblement d'infirmières et de préposés au bout du couloir suivant leur confirme que l'endroit est effectivement le lieu de l'incident. Ils hésitent à s'approcher, quand Berthe les aperçoit et soupire de soulagement.

— Bon, au moins te voilà, Mathieu! Le concierge ne répond pas. Va chercher un sac à ordures qu'on se débarrasse de ce gâchis. Dépêche! ordonne la Roumaine.

Si Mathieu est surpris par la demande, il n'en laisse rien paraître et repart au pas de course, confiant son balai à Océane. L'adolescent a eu le temps de lui chuchoter à l'oreille:

— Essaye d'en apprendre le plus possible.

«Conseil superflu», songe la jeune fille en se glissant derrière l'attroupement vers l'entrée du solarium. Elle appréhende la réaction de Berthe qui pourrait la chasser à grands cris. Mais celle-ci, occupée à discuter avec une autre infirmière, ne lui accorde aucune attention. L'adolescente pénètre donc plus avant dans la pièce.

À l'extérieur, une fine pluie crible les surfaces vitrées de milliers de gouttes. Le regard d'Océane embrasse toute la salle sans percevoir le moindre signe d'effraction.

L'endroit n'a-t-il pas tout juste été le lieu d'un débordement violent? Une dame âgée et nécessitant des soins continus peut-elle réellement semer la pagaille? Son visiteur a peut-être été effrayé pour bien peu.

Pourquoi alors demander à Mathieu d'aller au plus vite chercher de quoi ramasser le dégât? Océane examine la serre méticuleusement. Les deux causeuses sont impeccables. La petite table coincée entre les sièges présente quelques magazines dont le déplacement indique un intérêt récent. L'adolescente range les périodiques en une seule pile parfaitement droite avant de poursuivre son inspection. Les plantes qui garnissent chaque espace libre de la pièce sont toujours en place et débordent de feuillage luisant. La grande cage...

— Océane! Encore toi?

La jeune fille reconnaît la voix de Berthe.

— C'est vraiment affreux! Ne reste pas là! Est-ce que tu pourrais raccompagner Juliette à sa chambre? Les plateaux du souper seront bientôt servis et cette alarme a attiré pratiquement tout l'étage.

Déçue de n'avoir rien découvert, Océane accepte. De toute façon, si Mathieu peut revenir, elle saura bien assez vite de quoi il en retourne.

Juliette Belcourt est une femme légèrement confuse qui se déplace à l'aide d'une marchette. Elle n'a normalement pas besoin d'accompagnatrice pour se rendre à ses activités, seulement d'un peu plus de temps. L'adolescente se rappelle avoir déjà cherché à converser avec la résidente pour voir si elle pourrait lui faciliter la vie, d'un point de vue technologique, évidemment. Malheureusement, les réponses de madame Belcourt n'ont pas toujours de rapport avec les questions.

— Faites attention! On va attendre qu'il soit passé. Il y a tellement de monde qu'on se croirait au centre d'achat un samedi après-midi.

L'adolescente retient la marchette de la vieille dame tandis qu'un préposé incite un homme en fauteuil roulant à se ranger davantage le long du mur.

Docile, madame Belcourt attend l'accord d'Océane pour progresser de nouveau.

— Coco ne mangera plus de pouding. Non, plus de pouding.

La jeune fille hausse un sourcil intrigué, sans se risquer à poser de questions ; de toute façon, elles sont arrivées dans la chambre de la résidente. L'instant d'après, elle bloque la porte en position ouverte pour que la femme puisse circuler à sa guise et recevoir son repas.

— Je vous laisse, madame Belcourt. Bonne soirée !

— Plus de pouding…

« Rien ne sert de chercher à comprendre », se dit l'adolescente tout en rebroussant chemin vers le solarium. Lorsqu'elle finit par y remettre les pieds, Mathieu est déjà sur place. Planté au milieu de la pièce, il observe le présentoir où sied une haute cage abritant un cockatiel plutôt bavard, de ce qu'Océane a entendu dire, car elle n'est jamais venue le voir. Elle n'aime pas particulièrement les animaux qu'on garde enfermés. Les hamsters, souris, oiseaux ou poissons l'agacent, un peu comme le désordre la rend irritable.

Aucun son ne provient de la cage. De l'entrée où elle se trouve, Océane n'aperçoit pas l'oiseau ; aussi suppose-t-elle qu'il est perché plus bas. Toute la partie inférieure est couverte d'une sorte de jupe pour éviter que le volatile ne projette ses graines sur le sol.

— Ça va, Mathieu ?

Le garçon tourne son visage déformé par une expression de dégoût mêlé de pitié vers la jeune fille.

— Beurk... Dégueu ! Qui a pu faire une chose pareille ?

Océane devine que la petite bête doit gésir tout au fond.

— J'espère que tu as l'estomac solide, l'avertit Mathieu.

Avec un mélange de curiosité et de réticence, l'adolescente s'avance tranquillement pour affronter la scène tout en s'efforçant de rester de marbre. Elle s'attend à voir l'oiseau mort, recroquevillé, les yeux injectés de sang et un liquide vert sortant de sa bouche. En réalité, on ne distingue pas la face du volatile qui est orientée vers le fond de la cage. Ses ailes sont étendues de chaque côté, touchant presque le grillage, alors que son corps est transpercé dans le haut du dos par un crayon à mine, ceux en bois avec une efface rose à l'extrémité. C'est comme si l'on avait voulu lui donner une posture d'animal libre pour mourir, le placer en plein vol... au-dessus d'une petite mare de sang frais, rouge vif.

La jeune fille le regarde, impassible, durant plusieurs secondes, plongée dans l'analyse du triste spectacle, puis, elle ne peut s'empêcher de faire la même mine dégoûtée que Mathieu. Lorsque celui-ci s'approche avec le sac à ordures ouvert, elle l'arrête d'une main.

— Attends, je vais prendre une photo. Ça pourrait nous être utile.

Mathieu hausse les épaules d'un air peu convaincu, mais laisse tout de même Océane sortir son cellulaire et produire quelques clics révélateurs. Elle l'aide ensuite à retirer les attaches en bas du grillage pour enlever la section du haut et la déposer au sol.

— Est-ce que tu le prends avec les mains? On peut simplement verser le bac du fond dans le sac.

— On verse. Tu peux tenir le sac, je vais enfiler les gants.

L'adolescent attrape la paire de gants qui dépasse de sa poche arrière pendant que sa complice observe le pauvre animal empalé. Lorsqu'il saisit le plateau de la dépouille, quelque chose sous une des ailes attire l'attention de la jeune fille.

— Attends! lui enjoint-elle en déposant le sac par terre.

À contrecœur, Mathieu s'immobilise.

— Qu'est-ce qu'il y a? J'ai assez pris de temps. On va me...

— Ah! Te voilà toi!

La voix irritée du concierge résonne dans la pièce vitrée. Profitant du fait que Mathieu la dissimule au nouvel arrivant, Océane n'hésite pas un instant à glisser sa main sous l'oiseau.

— On m'a demandé de ramasser ce… cet…, commence à bafouiller l'adolescent.

— Ce n'est pas ton travail. Tu n'as rien à faire ici !

— Berthe vous cherchait et elle m'a envoyé…

— Est-ce que Berthe est ta superviseure ? Est-ce à elle que ton agent de probation s'adressera pour s'informer si tu fais correctement toutes tes heures de travail et si tu suis les directives ? Je t'ai demandé de balayer le deuxième.

— Je pensais que vous aviez dit le troisième. Je suis désolé.

L'homme, irrité par la réponse de l'adolescent, semble ravaler une réplique trop acerbe, étant donné la présence de la jeune fille.

Océane trouve le concierge totalement antipathique et étrangement prétentieux. Il agit toujours comme si son travail était plus important que celui des autres employés. Qu'il soit l'auteur de ces crimes est tout à fait plausible !

— Et puis, ce n'est pas un site de rencontre ici. Socialise sur tes heures personnelles !

Océane voit la bouche de Mathieu se crisper, faisant saillir les muscles de sa mâchoire. Elle choisit ce moment pour se glisser doucement vers la porte.

— Il est presque dix-sept heures, évidemment. Tu balaieras le deuxième demain.

Mathieu en déduit sûrement le même message que sa complice et décide donc de déposer le plateau de la cage et de retirer ses gants avant de quitter les lieux. Il rejoint la jeune fille et les deux marchent un instant sans parler. Océane devine qu'il fulmine intérieurement d'être traité ainsi. Elle le sent très émotif et préfère attendre qu'il brise lui-même le silence, ce qui ne tarde pas. Au lieu d'une insulte pour ce despote sadique, la remarque de l'adolescent la fait réfléchir.

— Où était-il pendant tout ce temps? Pourquoi il n'est pas venu dès que l'alarme a sonné?

— Bonne question, commente-t-elle tout en s'imaginant le concierge nettoyer ses mains tremblantes et ensanglantées au-dessus d'un évier.

Elle repousse l'image et puise dans le fond de sa poche. Elle y retire la lettre **E** creusée dans l'habituelle pièce de bois. Sans dire un mot, Océane reglisse la pièce dans sa poche. Quand ils bifurquent dans l'aile est de l'étage, elle est heureuse d'apercevoir son frère patientant sagement aux côtés de Jean-Luc. Le couloir est tranquille; les résidents ont presque tous réintégré leur chambre.

— On sait déjà, annonce Ulrich avec l'air de celui à qui rien n'échappe. Il a tué l'oiseau.

— Cette fois, la nouvelle a rapidement fait le tour, leur apprend Jean-Luc. Tout le monde pense que ça vient du vieux fou du quatrième, un ancien chasseur qui se promène souvent avec sa grosse veste quadrillée rouge ou bien avec un dossard orange sur sa robe de chambre grise. Il se sert d'un rouleau d'essuie-tout vide en guise de pistolet.

Océane s'assoit sur le banc du corridor à quelques pas du résident. Ulrich vient la rejoindre.

— Vous, qu'est-ce que vous croyez? demande-t-elle.

— Je suis d'accord que ce vieux est dérangé, mais il n'a jamais fait de mal à personne. Il vit une fantaisie dans sa tête, de toute évidence. De là à dire qu'il prendrait un crayon pour une flèche et la planterait avec force dans un petit corps vivant, sentant la résistance quand il transpercerait la peau...

— Arrêtez! le supplie Océane, en dirigeant ses mains vers les oreilles de son frère qui la repousse vivement.

Jean-Luc est visiblement gêné de son manque de jugement.

— Désolé, je voulais seulement montrer que ce geste cruel demande de la vigueur et de la détermination. Ce que le vieux Bobby ne possède plus. Elle, là-bas, je crois qu'elle possède tout ce qu'il faut...

La chambre 316 est située presque au bout du couloir, juste avant la grande baie vitrée qui donne sur le stationnement des employés, à l'arrière de l'édifice. De cet endroit, ils aperçoivent le poste infirmier juxtaposé au bureau de réception de Maria. Les hanches massives de l'infirmière roumaine sont appuyées sur le meuble et ses bras sont croisés sur sa poitrine démesurée pendant qu'elle discute avec la secrétaire.

— Sauf que même avec ce **E**, on n'épelle pas du tout son nom, murmure Océane en dévoilant discrètement sa récente découverte. Qu'est-ce qu'on doit comprendre de ces lettres ?

Personne n'a de réponse.

— Tu l'as prise dans la cage de l'oiseau ? veut savoir Ulrich qui grimace de dégoût.

— Ouais, acquiesce l'adolescente en affichant la même aversion. Je vais me laver les mains, puis on va devoir partir.

Mathieu annonce également son départ à un Jean-Luc des plus soucieux. Le groupe se sépare avec beaucoup plus d'informations que la veille. Pourtant, au lieu de se rapprocher du but, tous ont l'impression de s'enliser dans un vrai bourbier.

11

Lorsque Océane glisse la clé dans la serrure de leur maison, la pluie a presque cessé. Elle ouvre la porte et laisse passer son frère qui court aux toilettes.

— Vous arrivez bien tard, tous les deux, leur crie Nathalie depuis la cuisine et avec davantage de curiosité que de reproche dans la voix.

— On a manqué le bus. Il est probablement passé en avance.

Pour toute réponse, leur mère leur annonce que le souper, des spaghettis aux boulettes de viande servis avec des baguettes grillées au beurre à l'ail, sera retardé d'une demi-heure pour attendre leur père. La jeune fille, qui se sent mentalement épuisée, en profite pour aller s'étendre sur son lit. Elle glisse presque instantanément dans un sommeil apaisant.

Quand Ulrich lui secoue doucement l'épaule pour l'avertir de venir manger, Océane se met à crier :

— Laissez-la ! Laissez-la tranquille !

— O, c'est un rêve. Il faut descendre souper.

L'adolescente essuie son front humide de sueur avant de dire à son frère qu'elle le rejoindra en bas. Le garçon hésite un instant au seuil de sa chambre.

— Tu vas bien, hein? Le cockatiel empalé, ça ne devait pas être chouette à voir...

Océane sourit devant la sollicitude de son petit frère à son égard.

— Oui, Ul, je vais bien. Ce n'était pas joli, mais je n'y pense déjà plus.

Immobile, Ulrich parcourt la pièce parfaitement ordonnée d'un regard admirateur.

— J'aimais ça quand tu rangeais aussi ma chambre, O. Je trouvais toujours mes jouets à la bonne place. Ce n'est pas comme maintenant. Je cherche Evo depuis trois jours!

— Evo? Ah oui, ton personnage Lego! Fie-toi à moi, Ul! C'est mieux que je ne range pas ta chambre. Pour moi, c'est vraiment mieux.

— Je sais. J'aime ma chambre en ordre, mais j'aime encore plus t'avoir toi comme toi.

— Hein? Je suis plus comme moi?

Dans sa tête, elle ajoute: «Une moi médicamentée, ce n'est pas plus moi.»

— Ben, oui! Avant, je te sentais toujours partie, en train de penser à quelque chose de plus intéressant que moi.

Une boule d'émotion se forme dans la gorge d'Océane. Un sourire béat révèle le bonheur que lui procure son jeune frère.

— Je t'adore, Ul. J'arrive tout de suite. Promis.

Le garçon l'a tirée en sursaut d'un mauvais rêve où elle le cherchait au troisième étage de la résidence. Elle parcourait toutes les chambres frénétiquement. En entrant dans celle de madame Dupuis, elle avait découvert le concierge qui secouait violemment la vieille femme par le bras.

Cette histoire de plus en plus sordide au Grand Chêne commence à la perturber. Océane doit trouver un moyen de résoudre l'énigme des lettres de Scrabble au plus vite. Sinon, ils n'auront d'autre choix que de remettre les informations recueillies à quelqu'un qui les prendra au sérieux. Jean-Luc semble penser que personne ne les croira, qu'on voudra le bourrer de calmants s'ils en parlent. Pourtant, les cas s'accumulent et les pièces de Scrabble prouvent qu'il ne s'agit pas d'une succession fortuite d'événements. Une telle coïncidence est mathématiquement improbable.

À la fin de la soirée, de retour dans son lit, Océane ne réussit pas à s'endormir. Elle ressasse sans arrêt tous les renseignements qu'ils ont en leur possession pour chaque suspect. Leur liste s'est beaucoup réduite ces derniers jours. Leurs principaux suspects sont Berthe et le concierge. Le mécanicien de fauteuil s'est fait éliminer parce qu'il n'était pas assez présent dans la résidence, tout comme l'ergothérapeute, grippé depuis quelques jours. Le même constat vaut pour deux préposés et une infirmière « volante » qui couvre plusieurs étages.

Il y a également Maria, fidèle au poste du lundi au vendredi. Elle n'a aucun mobile et

Ulrich, qui la côtoie beaucoup – ils partagent une même passion pour la biologie –, affirme qu'elle est au-dessus de tout soupçon. Il ne faut pas oublier les résidents. Est-ce que vraiment aucun d'entre eux n'est assez vigoureux ni suffisamment alerte pour orchestrer de pareilles attaques ? Finalement, le coupable pourrait être aussi un visiteur, exaspéré d'attendre le décès de sa grand-mère et voulant accélérer le processus pour récupérer son héritage. Quoiqu'il ne s'en prendrait tout de même pas à plusieurs résidents ?

La jeune fille soulève sa tête et replace son oreiller. Il est maintenant minuit passé et elle devrait arrêter de songer au Grand Chêne. Son entêtement est malsain. Elle s'obstine à croire que si elle y réfléchit assez, elle saura trouver la solution ou déceler un élément révélateur pouvant les aider. Cette manière de penser est risquée. Même s'il est normal de s'inquiéter et d'être préoccupée à l'occasion, elle doit faire attention aux excès si elle ne veut pas redevenir comme avant.

« La médication n'est pas magique. C'est seulement une aide. Tu dois prendre soin de toi. » On lui a tellement répété ces paroles à l'hôpital : le médecin, les thérapeutes, les infirmières… Et, cet après-midi, elle a senti de vieux démons revenir la hanter. À l'époque où son anxiété atteignait un paroxysme, elle s'inventait constamment des scénarios de tragédie qui touchaient sa famille ou elle-même. Tout y passait: accident de voiture, attaque à main armée, incendie, etc.

La logique derrière cette manie était fondée sur l'impossibilité de prédire le futur. Elle croyait se protéger en visualisant les malheurs qui pourraient leur arriver. Puisqu'elle les avait imaginés, ceux-ci n'allaient pas survenir, sinon elle aurait deviné l'avenir, ce qui est impossible.

Cet étrange stratagème, qu'Océane elle-même jugeait ridicule, avait commencé innocemment deux ans plus tôt, les soirs où elle avait de la difficulté à s'endormir. Un peu comme une prière. « Faites que tel accident n'arrive pas à mon frère », ou « Faites que mon père n'ait pas le cancer », etc. L'exercice inoffensif avait fini par prendre les proportions d'une obsession maladive.

Heureusement, cet après-midi, l'adolescente s'est reprise en main. L'épisode l'a toutefois ébranlée ; elle en parlera avec sa psychologue lors de leur prochain rendez-vous.

— Océane ?

Dans l'obscurité, la jeune fille lève la tête, à peine surprise par la voix de sa mère.

— Tu ne dors pas, ma belle ?

— Non.

— Est-ce que tu vas bien ?

— Oui, m'man. Ne t'en fais pas.

Nathalie Clément s'assoit au pied du lit de sa fille, les yeux rapetissés par un sommeil qui ne semblait pas faire défaut dans son cas.

— Tu m'as réveillée.

— Ah oui ? s'étonne Océane. Comment ? Je ne fais même…

L'adolescente interrompt sa phrase et retire sa main de la tête de lit. Celle-ci est constituée de plusieurs lattes de bois espacées, en fait exactement dix-huit lattes. Puisqu'elle veut que tout soit centré, elle aime également dormir au milieu du lit. Elle a donc développé la manie de passer ses doigts sur les lattes verticales et de s'assurer que sa tête soit parfaitement au milieu, soit neuf lattes de part et d'autre. Chaque fois qu'elle se retourne sous ses couvertures, elle vérifie sa position en comptant systématiquement.

Ce geste est devenu un tic qu'elle accomplit sans y penser, ou plutôt, en pensant à autre chose, comme au mystère du Grand Chêne. Index et majeur glissent rapidement, frappant chaque pièce de bois. Ce n'est pas très bruyant, mais dans le silence de la maison endormie, cela finit par ressembler au son d'un pic s'exerçant sur un jeune tronc.

— Désolée, m'man. Je ne m'en rendais pas compte. Je garde mes mains croisées, promis.

Sa mère lui sourit.

— Tu dois dormir. Veux-tu un lait chaud avec un peu de cannelle ?

— Non, laisse ! Il est tard. Je vais faire des 4-4-8.

— Ça ne me dérange pas. Je vais t'en préparer un. Ce ne sera pas long.

Cette fois-ci, Océane était totalement dans ses pensées et n'a eu aucunement conscience d'avoir commencé son petit rituel avec les barreaux du lit. Voilà qu'elle réveille sa mère maintenant… Pour la jeune fille, le plus important est justement que personne n'ait à subir les conséquences de ses problèmes.

En réalité, l'adolescente pense qu'elle ne se débarrassera jamais de sa maladie ni de ses obsessions. Elle ne cherche d'ailleurs pas vraiment à guérir complètement; elle veut seulement apprendre à se maîtriser, de sorte que les effets sur sa vie et son entourage soient très limités. Un des thérapeutes à l'hôpital lui avait dit qu'elle pourrait même en arriver à apprécier sa différence. Elle n'en croit rien parce qu'elle ne voit pas comment être obsessive et compulsive pourrait améliorer son quotidien.

Océane inspire profondément durant quatre temps, retient son souffle pendant quatre autres temps, puis en prend huit pour laisser doucement sortir l'air de ses poumons. Elle se pince ensuite la peau à l'intérieur de l'avant-bras pendant une demi-minute. Finalement, elle concentre son regard sur le store de bambou clair assombrissant la fenêtre de sa chambre. Elle n'a pas terminé son premier décompte des fines lattes que, déjà, sa vue se brouille et ses paupières se mettent à cligner.

De retour dans la chambre de sa fille, Nathalie Clément pose la tasse de lait chaud sur la table de chevet. Elle observe un instant

Océane maintenant assoupie. Tournée sur le côté gauche, l'adolescente a ramené sur sa poitrine ses mains entrecroisées.

Sa mère dépose un léger baiser sur sa longue crinière blonde, puis retourne dans sa chambre pour tenter à son tour de retrouver le sommeil.

12

Toute la matinée du mardi, Océane n'a pensé qu'à une chose: sa prochaine rencontre avec Jean-Luc et Mathieu. Elle a d'abord décidé qu'il leur fallait progresser plus rapidement et apporter les résultats de leur recherche à quelqu'un d'autre avant la fin de la semaine. Pas question d'attendre que les incidents deviennent plus critiques. L'adolescente ne veut pas avoir sur la conscience une blessure grave infligée à un résident ou pire…

Jean-Luc et Mathieu auront sûrement terminé leurs démarches pour vérifier les casiers des employés ainsi que les antécédents du concierge. Ils devront alors rassembler toutes leurs informations et convaincre quelqu'un de les prendre au sérieux. Quelqu'un qui aura les moyens de mener une véritable enquête sur des personnes comme l'infirmière ou le concierge. De fouiller dans leur vie, dans leur passé, dans leurs relevés de comptes ou de téléphone… En somme, quelqu'un qui pourra finir par élucider ce mystère et, surtout, faire cesser ces actes destinés à effrayer les résidents. La jeune fille ne voit que deux possibilités: alerter la direction du Grand Chêne ou encore la police.

Évidemment, Jean-Luc n'aimera pas sa proposition. Il affirmera qu'ils vont chercher à le faire taire en lui administrant des médicaments ou qu'il sera la prochaine victime d'un accident. Pour contrer cette réaction probable, elle croit que Mathieu et elle devront faire front commun pour convaincre le vieil homme têtu qu'attendre est dangereux et qu'avec les indices récoltés par eux, les policiers pourront rapidement régler la situation.

« Il y a sûrement moyen de lui faire entendre raison », se persuade Océane en terminant un texto destiné à Mathieu.

Slt, c O. Faut se voir. Seuls. A 16h dans le solarium ?

Son message est court, direct, sérieux. « Droit au but », comme dirait son père. Elle l'envoie, glisse son cellulaire dans la poche avant de son jeans, puis entre dans la cafétéria pour rejoindre Andréane. Au moment où elle prend place sur la chaise à côté de son amie, une vibration sur sa hanche lui annonce l'arrivée d'un texto encore plus bref que le sien :

OK

Il est un peu plus de seize heures lorsque Océane se présente au solarium et elle se confond en excuses, provoquant un étrange froncement de sourcils de Mathieu qui, manifestement, juge sa réaction un peu exagérée pour un retard de moins de deux minutes.

La jeune fille se ressaisit en souriant franchement au garçon. Le visage sombre de ce dernier s'égaye à son tour d'un éclat de dents brillantes. Océane en écarquille les yeux d'admiration. « C'est fou comme le contraste est fort entre le Mathieu neutre et le Mathieu joyeux, note-t-elle. Surtout aujourd'hui, dans cette pièce remplie de verdure sur fond de ciel bleu parfait. »

— Ça va ?

— Hein ? Euh… Oui, ça va.

— Tu me regardais drôlement, commente le garçon en passant une main sur les coins de sa bouche.

« Il pense que j'ai remarqué des traces de son dîner. Il n'a aucune idée de son charme. » La jeune fille en ressent un pincement de regret. Elle aimerait qu'il sache à quel point elle le trouve séduisant, mais seulement si elle était certaine de lui plaire également.

— Ulrich n'est pas venu ? demande l'adolescent, lui évitant par le fait même de s'expliquer.

— Non, le mardi, il a ses cours de karaté après l'école.

— Karaté… Cool !

— Il faut faire vite avant que le concierge te voie.

— C'est correct; je ne commence qu'à seize heures quinze. Le mardi, j'ai une réunion avec mon agent après mes cours.

— Ton agent? questionne Océane en le regrettant presque aussitôt, devinant la suite.

— Ben... pour ma probation.

Mathieu s'est expliqué en se grattant nerveusement une oreille pendant que ses yeux semblaient chercher quelqu'un derrière son interlocutrice.

— Désolée, je n'aurais pas dû te demander ça, réplique-t-elle en enchaînant rapidement. Je voulais te parler parce que j'ai beaucoup pensé à tout ce qui se passe ici.

— Moi aussi. Je n'ai rien découvert d'étrange ou de compromettant dans les casiers des employés. Et puis, je commence à craindre le prochain incident. L'oiseau mort, hier! La prochaine fois, ce sera quoi?

La jeune fille n'a qu'à plonger son regard dans celui du garçon pour comprendre qu'ils partagent la même opinion: cette histoire a assez duré. Les autorités doivent être mises au courant. Pendant les minutes suivantes, discrètement, dans leur coin de solarium rempli de végétation, aux côtés d'une grande cage désormais déserte, les deux compères s'entendent sur la manière de présenter leur décision à Jean-Luc. Le résident est craintif, redoutant ce que les différents intervenants pourraient lui faire subir. Cette inquiétude leur paraît déraisonnable. Ils rassureront donc le vieil homme en insistant sur le fait qu'il peut compter sur eux pour que rien ne lui arrive.

— Jean-Luc a déjà dit qu'il serait une cible facile, car personne ne vient le voir. C'est faux ; c'est lui qui a le plus de visites de toute la résidence puisqu'on est là tous les jours.

Océane sourit au commentaire du garçon. Effectivement, l'ancien résident solitaire et maussade a bien changé. Leurs rencontres prennent, contre toute attente, des allures amicales. Après la fin de son stage, la jeune fille a l'intention de revenir le voir pour lui tenir compagnie. Elle aussi pourrait se mettre à jouer au Scrabble. Elle n'a pas l'expérience de Mathieu, quoiqu'elle sente qu'elle deviendrait rapidement bonne.

Optimistes, les adolescents s'en vont vaquer à leurs occupations respectives tout en se donnant rendez-vous plus tard, dans la chambre de Jean-Luc.

— À l'heure qu'il est, il doit déjà me chercher pour savoir si je peux rester après mon temps de travail pour une partie de Scrabble. Bon, à tantôt.

La jeune fille regarde son complice partir les mains dans les poches, un sifflotement sur les lèvres. Comment ce garçon si gentil a-t-il pu mériter des travaux communautaires et des visites hebdomadaires à un agent de probation ? C'est un mystère auquel elle n'a malheureusement aucun temps à accorder. Elle quitte la pièce reposante pour aller rencontrer un tout nouvel élève, monsieur Lionel, qui a requis son aide pour trouver l'auberge que son petit-neveu s'est achetée dans les Laurentides.

Ensuite, madame Dupuis lui a laissé entendre qu'elle avait envie d'écrire ses mémoires. Océane se demande s'il n'est pas un peu tard, à quatre-vingts ans, pour ce genre d'activité, surtout pour quelqu'un qui éprouve de la difficulté à se rappeler la date du jour ou le nom de celui qui lui a rendu visite la veille. Mais son stage n'inclut pas qu'elle pose de tels jugements, seulement qu'elle fournisse aux résidents des outils de loisirs et de l'aide pour les utiliser.

Peu de temps après le début de sa rencontre avec monsieur Lionel dans la salle de détente, Mathieu fait irruption en se mordillant les lèvres nerveusement. Il attire Océane à l'écart par un geste expressif.

— Je reviens tout de suite, monsieur Lionel.

— J'espère bien, la petite, parce que tu m'as perdu, il y a au moins dix minutes de ça.

— Oh, dites-le-moi si je vais trop vite, voyons !

Pour toute réponse, le vieil homme la gratifie d'un sourire édenté tout en haussant les épaules. L'adolescente s'empresse alors d'aller rejoindre Mathieu près des tables de jeux de société complètement désertes.

— Jean-Luc est parti, chuchote-t-il sans aucun préambule.

— Comment ça, *parti*?

— Aucune idée. Je sais juste qu'on ne l'a pas vu depuis ce matin.

— Qui ça, *on*? s'impatiente Océane.

— Écoute, je ne peux pas vraiment m'informer, je dois aller balayer le quatrième, sinon je suis mort. Renseigne-toi, s'il te plaît.

Émue par l'inquiétude dans la voix de Mathieu, la jeune fille accepte aussitôt.

— Je m'en occupe. Va faire ton travail. On se rejoint tantôt.

— Oui, mais au solarium. La 316 est barrée.

Jean-Luc serait parti… Peut-être avait-il un rendez-vous? Où et avec qui? Normalement, les médecins se déplacent dans les résidences. À moins que ce ne soit un examen comme des rayons X, qui demande de se rendre à l'hôpital pour avoir accès à de l'équipement spécialisé. Quand même, le vieil homme les aurait avertis s'il avait eu ce genre de rendez-vous aujourd'hui.

— Océane? Il y a quelque chose qui est apparu dans l'écran, signale monsieur Lionel d'une voix où l'on reconnaît l'appréhension.

— J'arrive.

Elle doit terminer sa tâche, puis elle pourra éclaircir la situation avec Maria. Oui, la réceptionniste saura sûrement où Jean-Luc est parti.

La jeune fille repousse la crainte qui naît doucement au fond d'elle-même. Et si quelque chose était arrivé à Jean-Luc ? Et si la disparition du résident était le nouvel incident du jour ?

— Avec sa famille. Regarde toi-même à côté de la signature des sorties. C'est indiqué : "fils". Et pour le retour, il a écrit "19 h 30".

Océane remercie Berthe tout en s'excusant également de son insistance. Sa politesse n'arrive cependant pas à détendre l'infirmière à la mine hautement réprobatrice. Celle-ci était occupée à ranger la grande salle lorsque la jeune stagiaire est venue prendre des nouvelles du résident. N'ayant pas vu Maria, elle s'était dit que Berthe pourrait tout autant la renseigner. L'infirmière s'est alors plainte du travail supplémentaire que lui causait l'absence de Maria qui ne s'était pas présentée de toute la journée. Elle a tout de même pris le temps de montrer à Océane le journal des entrées et sorties des résidents du troisième, allant même jusqu'à lui signifier qu'elle ne voyait pas pourquoi elle se préoccupait tant des déplacements de Jean-Luc Gélinas.

— Son absence te surprend ?

— J'ignorais qu'il avait un fils. C'est tout.

La Roumaine expire bruyamment par le nez en secouant la tête.

— Il t'a probablement dit qu'il est seul au monde. Ce vieux schnock cherche de l'attention, vous ne devriez pas passer autant de temps avec lui.

La jeune bénévole est choquée par les paroles de l'infirmière.

— On ne fait rien de mal. On lui tient compagnie.

— Ah oui ? Moi, je pense plutôt qu'il vous met de drôles d'idées dans la tête.

— Non, réplique l'adolescente un peu trop rapidement.

— Je ne vois pas ce qu'un vieux résident peut faire de bien avec des jeunes dans sa chambre.

Océane sent une bouffée de chaleur lui monter aux joues, qui doivent avoir pris une teinte cramoisie.

— Avec tous ces incidents récemment, je pense que vous devriez faire attention, renchérit Berthe.

La curiosité de la jeune fille est piquée. Bien qu'elle se sente sur le point de s'emporter, elle s'efforce de garder son calme. Que signifie cette dernière remarque ? Est-ce une menace ?

— Faire attention ? répète-t-elle, sans pouvoir en dire davantage.

Berthe promène alors subrepticement son regard autour d'elle avant de poursuivre sur le ton de la confidence.

— Je ne devrais pas t'en parler. Les dossiers des résidents sont confidentiels, tu sais.

L'attitude de confiance qu'arbore la femme irrite encore plus Océane que ses insinuations précédentes. Néanmoins, elle se tait, intriguée. Tout ce qu'elle apprendra pourra aider l'enquête.

— Que connais-tu de monsieur Gélinas? continue Berthe. Rien, je suppose.

— Je sais que c'est un vieil homme bien seul, comme la majorité des gens ici. Je ne sais rien de plus sur madame Dupuis, que j'ai vue à quelques occasions. Je viens pour aider les résidents, tous les résidents.

L'infirmière s'esclaffe moqueusement.

— Ce vieux n'utilise aucune technologie.

— Il a un ordinateur portable.

— Dont il ne s'est jamais servi, ma belle.

La jeune fille déteste l'arrogance dans le ton de la femme, cette façon supérieure qu'elle a de lui dire « ma belle ».

— Pourquoi devrions-nous faire attention? s'enquiert-elle doucement.

Sa stratégie fonctionne, car après un nouveau coup d'œil pour s'assurer que personne ne puisse les entendre, Berthe se laisse aller à la confidence.

— Le résident de la 316 n'a pas seulement un handicap moteur. Il souffre aussi de paranoïa.

— De paranoïa?

— Il s'agit d'un trouble mental qui se manifeste par un sentiment de persécution que…

— Je sais ce qu'est la paranoïa, l'interrompt Océane. Mais Jean-Luc, non…

L'infirmière fait oui de la tête.

— Pourtant, si. Et puis, il a aussi un problème d'agressivité. À son ancienne résidence, il a attaqué un homme. Je ne connais pas les détails... Ce qui est certain, c'est que vous ne devriez pas passer autant de temps avec lui. Soyez prudents, il cherche peut-être à vous mettre des idées en tête.

L'adolescente reste sans voix. Peu à peu, la perspective de la paranoïa de Jean-Luc se fraie un chemin dans son esprit.

— Ce ne serait pas si dérangeant, s'il n'y avait pas ces incidents qui s'accumulent...

— Quoi? Vous pensez que Jean-Luc y... y serait pour quelque chose?

— Je ne dis pas ça, non. Je ne l'en crois pas réellement capable, avec son handicap. Seulement, j'estime qu'avec tout ce qui se passe, il serait plus prudent de terminer simplement tes ateliers et de ne pas traîner ici.

Océane plonge son regard dans celui de Berthe, tentant d'y lire ses sentiments: mesquinerie, hypocrisie, jalousie ou alors une préoccupation plus louable? Comme elle aimerait profiter de la présence d'Ulrich pour l'orienter sur l'honnêteté de l'infirmière! Pourquoi tenait-elle à lui raconter tout ça? Est-il possible de croire que ses intentions soient sincères?

— Est-ce que vous connaissez le fils de monsieur Gélinas, qui est venu le chercher aujourd'hui? l'interroge la jeune fille.

— Oui, c'est un grand gaillard, autour d'un mètre quatre-vingt-dix, large comme une porte.

Il vit en Virginie, aux États-Unis, et ne passe faire un tour que tous les trois ou quatre mois.

— Il nous a dit qu'il n'avait plus aucune famille, ne peut s'empêcher de confier Océane.

— Ça fait probablement partie de son rôle. Les paranoïaques ont besoin d'un auditoire pour laisser libre cours à leur délire.

L'adolescente secoue la tête négativement tout en reculant presque inconsciemment. Elle peine à croire à tout cela.

— Je sais que ce n'est pas facile à accepter. À sa façon, il est attachant, mais…

— Merci pour les avertissements. Je dois aller voir madame Dupuis.

La jeune fille s'éloigne, rendue encore plus indécise par l'attitude bienveillante de l'infirmière. Jean-Luc, paranoïaque ? Est-ce possible ? Au fond d'elle, elle sait que oui. Mais, Jean-Luc qui se plairait à faire peur aux gens ? Non. Ça, jamais…

Océane arrive à présent devant la porte de son élève suivante, madame Dupuis. La vieille dame est enchantée de la revoir. Une demi-heure s'écoule dans une espèce de capharnaüm où s'entremêlent les explications pour utiliser la nouvelle version du traitement de texte, des questionnements intérieurs sur les événements du jour, ainsi qu'une sourde anxiété causée par l'idée de ne rien connaître de Jean-Luc.

En moins d'une heure, le résident bourru, qui les a embarqués dans cette histoire, est passé d'une potentielle victime à un vieux fou paranoïaque ayant tout inventé, voire à l'artisan de ces vicieuses agressions. Tout se bouscule dans la tête de la jeune fille et, à deux reprises, madame Dupuis lui demande si elle se sent bien et si elle ne veut pas remettre les explications à un autre jour.

Vers dix-sept heures, Océane éprouve subitement l'envie de fondre en larmes et se retient seulement grâce à son sens des responsabilités. Elle est chargée de tenir un atelier à cette résidence et la voilà qui gaspille le temps de la vieille femme avec des informations décousues, incomplètes et répétitives.

— Je suis désolée, madame Dupuis. Vraiment. Je ne sais pas où j'ai la tête. Je ne vous ai été d'aucune utilité.

— Voyons, voyons… Rien de tel. J'ai déjà employé un traitement de texte durant mes dernières années de travail. J'étais une vieille dame plutôt branchée quand j'ai pris ma retraite. Seulement, ces logiciels changent si souvent que c'est difficile de suivre.

— Oui, mon père aussi dit que c'est fou. J'ai la tête ailleurs aujourd'hui. J'ai été nulle. Demain…

La résidente secoue ses fins cheveux rouges avec véhémence.

— Tu exagères, ma belle. Je m'y connais un peu, et avec ce que tu m'as montré, je vais pouvoir explorer par moi-même.

— D'accord, accepte la stagiaire en ravalant une boule d'émotion.

— Tu te tracasses trop, Océane. La vie deviendra bien assez compliquée quand tu vieilliras. Profite de l'insouciance de tes jeunes années.

L'insouciance des jeunes années... L'adolescente doit retourner trop loin en arrière pour tenter de se rappeler quand sa jeunesse était légère et sans souci. Peut-être avant ses huit ans, oui, jusqu'à la troisième année du primaire, la vie avait été bonne. Des devoirs faciles ou inexistants, du plaisir avec les amis, avec son frère, avec son père, même avec sa mère. Il y a si longtemps que cette époque est révolue.

— Vous avez raison, madame Dupuis. Je repasserai vous voir cette semaine. Et si vous avez des questions...

— Je sais, je sais... Va, va t'amuser.

Océane s'éloigne, ayant retrouvé un peu plus d'aplomb. Son envie de pleurer l'a quittée. Dans le solarium, Mathieu l'attend patiemment en observant l'intérieur de la cage vide. Dès qu'il l'entend arriver, il tourne vers elle des yeux interrogatifs et pleins d'espoir.

— Tu as des nouvelles ?

— Oui. Ben... surtout des informations, trop d'informations.

Le garçon hausse les sourcils d'un air intrigué.

— Je vais tout te raconter, mais il vaut mieux sortir d'ici. Est-ce que tu as fini ton travail ?

Il hoche la tête.

— Alors, partons. Dehors, on sera à l'abri des regards curieux.

— Tu crois qu'on nous observe ? s'inquiète Mathieu en lui emboîtant le pas, un petit sac de toile bleue sur l'épaule.

Océane chuchote le nom de l'infirmière avant de se diriger vers les ascenseurs. Elle est soulagée que le bureau de Maria soit désert ; elle n'aura pas à la saluer, car elle n'a qu'une envie : s'enfuir au plus vite. Le Grand Chêne lui semble tout à coup très oppressant. Comme si, soudainement, l'air était plus difficile à respirer.

Une fois à l'extérieur, Océane marche sans rien dire en direction de l'arrêt de bus. Elle prend soin de déposer ses pieds au milieu de chaque dalle du trottoir. Mathieu, tout aussi silencieux, la suit simplement, devinant qu'elle se sent mal et qu'elle a besoin de rassembler ses idées.

Arrivée à l'arrêt, elle vérifie l'heure de passage de son bus, puis lève les yeux vers son compagnon.

— Est-ce que ton frère travaille au Tim, aujourd'hui ?

— Non, mais on peut quand même y aller, si tu veux.

La jeune fille sourit. Ce ne serait pas raisonnable. Si elle ne prend pas le prochain bus, elle arrivera en retard chez elle et devra faire face aux questions de sa mère.

Devinant qu'elle ne se laissera pas convaincre, Mathieu lui propose de parler en se promenant. Océane lui fait d'abord part de la bonne nouvelle : Jean-Luc a un fils, Robert, et celui-ci l'a emmené pour la journée. Ensuite, elle le met au courant de toutes les insinuations et accusations de l'infirmière, puis de ses propres réflexions qui la conduisent à une conclusion presque trop évidente. Le résident est l'instigateur de toute cette histoire : il serait celui qui s'en prend à ses colocataires. Il était présent lors de tous les incidents, il est encore très fort et il se promène sans restriction. Tout cela en fait le suspect parfait.

— Aujourd'hui, il n'y a eu aucun incident et Jean-Luc n'était pas à la résidence, expose-t-elle.

Mathieu a écouté tranquillement, en ne posant que quelques questions sur ce qu'a dit Berthe précisément.

— Alors ? insiste Océane, impatiente de connaître son opinion.

L'adolescent enfonce ses mains dans son coupe-vent, puis baisse son regard sombre vers celui, très clair, de la jeune fille.

— Ben, je crois qu'on n'en sait rien. Ce que Berthe t'a rapporté signifie seulement qu'il a déjà eu un conflit à une autre résidence. Si l'infirmière est notre coupable, c'est normal qu'elle cherche à faire porter le blâme sur quelqu'un d'autre.

— Mais si Berthe dit vrai, si Jean-Luc est paranoïaque… Avoue que sa crainte d'être médicamenté si on avertit quelqu'un au sujet de nos soupçons est pour le moins étrange. Et puis, il nous a menti sur sa famille. Je n'arrête pas de penser à ces lettres de Scrabble. S'il n'y avait pas eu ces pièces, est-ce qu'on aurait vraiment cru à cette histoire?

— Jean-Luc, qui adore le Scrabble, choisirait de laisser ses pièces sur le lieu des incidents? C'est presque trop facile, non? fait remarquer Mathieu.

— Peut-être… Je ne sais plus quoi penser. On avait décidé de faire appel à quelqu'un et là, je suis toute perdue. J'ai peur de faire une erreur et de causer du tort à Jean-Luc, ou de ne rien faire et qu'il arrive alors un accident plus grave.

L'émotion s'empare d'Océane qui s'en veut de sentir une boule se former de nouveau dans sa gorge. Mathieu la dévisage tendrement, puis tente un sourire réconfortant qui manque de la faire fondre en larmes. Elle détourne la tête vers le soleil qui commence sa descente de fin de journée.

— Je crois qu'on doit laisser à Jean-Luc la chance de s'expliquer avant de le juger. Ce serait plus sage d'attendre de lui parler, suggère Mathieu. Après, on décidera. Demain soir, au plus tard, cette histoire ne sera plus entre nos mains.

Pendant que son ami continue de parler, Océane inspire plus profondément. Ce que le garçon raconte est plein de bon sens et très juste. Jean-Luc a demandé leur aide et eux ont fait de leur mieux. Maintenant, ils doivent laisser l'occasion au vieil homme de clarifier la situation. Après, d'une façon ou d'une autre, ils exposeront tout à la police ou à l'administration du Grand Chêne.

Les adolescents ont repris la direction de l'arrêt de bus. La jeune fille aperçoit le véhicule au bout de la rue. Elle aurait envie de rester encore avec Mathieu, mais pas pour parler, non, ils ont assez discuté. Elle voudrait se glisser dans ses bras, appuyer sa tête sur sa poitrine et se laisser apaiser en écoutant son cœur. Elle devine un battement fort, parfaitement régulier. Les portes de l'autobus qui s'ouvrent à un mètre devant elle la ramènent à la réalité.

13

— Tu dois m'emmener et tu le sais. Ne fais pas semblant avec cette histoire de danger, la presse Ulrich, assis au pied du lit de sa sœur, son pyjama rayé à moitié boutonné et ses cheveux en désordre. Je ne suis ni une vieille dame aussi lente qu'une tortue amputée des deux jambes ni une pauvre perruche sans défense, mais un gars vigoureux qui peut te battre au bras de fer et au cent mètres.

— À la course, repasse dans quelques années, réplique Océane en réprimant un rire devant la véhémence de son frère.

— Sérieux, O, je veux y aller. Maman acceptera si tu le lui demandes. S'il te plaît ! S'il te plaît !

L'adolescente feint d'observer son frère pendant qu'elle s'émerveille d'avoir passé une si bonne nuit. Ce doit être grâce à Mathieu. Après quelques profondes inspirations, elle se souvient de s'être mise à penser à lui. Elle s'imaginait au cinéma avec lui…

— S'il te plaît !

— Tu es mignon, répond-elle simplement, provoquant une moue boudeuse du garçon qui appuie son dos sur les jambes repliées de sa sœur.

En réalité, Océane veut bien que son frère l'accompagne. Elle désire seulement s'assurer qu'il ne la suit pas à contrecœur. Si elle avait vraiment voulu le protéger en l'empêchant de venir, elle n'aurait eu qu'à garder pour elle les événements de la veille, ce qu'elle n'a pas fait en lui racontant tout mot pour mot.

— D'accord. Mais tu nous laisses parler, Mathieu et moi. Contente-toi d'observer Jean-Luc! Je vais avoir besoin de ton opinion.

— Promis, accepte Ulrich en se relevant afin d'aller se préparer pour l'école.

— Ul? l'interpelle sa sœur, ce qui ramène le garçon dans l'encadrement de la porte. Qu'est-ce que tu crois, toi, pour Jean-Luc?

— J'aimerais dire que je pense qu'il ne ment pas, qu'il ne ferait pas de mal à une mouche. Mais je ne suis pas sûr… J'ai comme l'impression qu'il cache des choses.

Océane approuve de la tête. Elle aussi l'a senti.

— Ça ne signifie pas que c'est nécessairement lui le coupable…

La jeune fille incite son frère au silence en pressant son index sur ses lèvres et en lui faisant les gros yeux. Elle vient d'entendre des pas près de l'escalier. Heureusement, ce n'est qu'une fausse alerte; le son s'est affaibli, indiquant que sa mère a poursuivi vers le salon.

— On verra bien cet après-midi, Ul. Va te préparer avant que papa et maman se doutent de quelque chose.

o

Lorsque le frère et la sœur pénètrent dans la chambre 316 beaucoup plus tard cette journée-là, Mathieu est installé sur le lit. Il a renversé une plaque de Scrabble. Sur celle-ci sont déposées les cinq pièces découvertes lors des divers incidents survenus à la résidence. Du bout des doigts, il les pousse et les repousse, interchangeant l'ordre pour tenter de décoder le message qu'elles recèlent.

— Et puis ? Tu as découvert le mot mystère ? demande aussitôt Océane en osant à peine jeter un coup d'œil à Jean-Luc, installé dans son fauteuil près de la fenêtre, selon son habitude.

— Non, pas de chance.

— Bonjour, vous deux ! J'ai quelqu'un à vous présenter, annonce le résident.

Assis dans le siège d'appoint, un homme, âgé d'une quarantaine d'années, au physique imposant, plie le journal qu'il lisait tout en souriant aux nouveaux venus. La jeune fille décide d'emblée qu'il doit s'agir du fils de Jean-Luc Gélinas.

— Bonjour ! Je m'appelle Robert, les salue l'individu qui semble plutôt sympathique.

La bonne humeur du père et du fils Gélinas irrite l'adolescente. Après tous les questionnements et toutes les inquiétudes au travers desquels elle est passée, rencontrer simplement le fils, comme si de rien n'était, la met en colère.

— Bonjour. Moi, c'est Océane. Et voici mon frère, Ulrich. Vous êtes le fils de Jean-Luc, évidemment.

Aucune hésitation dans la réplique. Jean-Luc et l'homme ouvrent grand les yeux de surprise. La jeune fille se tourne vers l'adolescent assis sur le lit.

— Tu ne leur as rien dit ?

— Non, je t'attendais.

C'est au tour de Jean-Luc de prendre toute la place avec sa grosse voix. S'il n'était pas cloué à son fauteuil roulant, on sent qu'il se serait levé d'un bond.

— De quoi parlez-vous ? Qu'est-ce qui se passe ici ? Je m'absente une journée et vous voilà tout étranges. D'abord, Mathieu avec son mutisme, et puis, toi, Océane. Comment as-tu su pour Robert ?

— Sûrement pas par vous, n'est-ce pas ? Monsieur je-suis-seul-au-monde…

Aussitôt prononcée, aussitôt regrettée. Le résident paraît blessé par la pointe de la jeune fille. Ses épaules s'affaissent subrepticement. Robert Gélinas en profite pour s'immiscer dans la conversation.

— Mon père m'a beaucoup parlé de vous trois. Je demeure aux États-Unis et je ne peux malheureusement pas venir aussi souvent que je le voudrais. Et surtout pas question de déraciner mon père de son univers québécois francophone.

L'homme a accompagné sa dernière phrase d'un petit rire pour tenter d'alléger l'atmosphère.

— Je n'irai pas m'entourer d'Anglos, ça c'est certain.

— Et moi, mon travail m'oblige à l'être. On s'habitue aux Anglos, tu sais. Ils sont très gentils.

— J'ai un oncle qui vit au Colorado depuis deux ans, commente Mathieu. Il aime beaucoup.

Tout le monde semble vouloir faire un effort pour rendre la conversation amicale, sauf Océane, qui reste muette.

— Je dois repartir par le vol de vingt-deux heures, ce soir, les avise Robert. Avant, je tenais à vous parler des incidents survenus ici. J'ai déjà discuté avec la direction de l'établissement.

— Ah oui ? s'étonne la jeune fille en ressentant secrètement un soudain soulagement.

Ulrich, que tout le monde ignore, profite de l'apaisement de sa sœur pour tenter une sortie.

— O, tu n'as pas besoin de moi. Ils ont déjà tout raconté. Est-ce que je peux aller voir Maria ?

Océane regarde son frère avec un mélange d'agacement et d'interrogation. Le garçon continue son explication.

— Elle a apporté sa collection de lépidoptères qu'elle avait promis de me montrer.

— Toi et tes insectes! Ah! Vas-y!

Ulrich, un sourire ravi sur les lèvres, s'enfuit, laissant les plus vieux discuter de la situation. Jean-Luc avait finalement décidé de relater en détail les événements des deux dernières semaines à son fils qui, lui, en avait aussitôt parlé à la direction.

— Ils me certifient – en fait, ils me l'ont prouvé en étalant les papiers – qu'en cas d'incidents de ce genre, une procédure imposée à tous les établissements de santé est appliquée. Un rapport d'accident est rempli par le premier intervenant arrivé sur les lieux – que ce soit l'infirmier ou un préposé, ou la secrétaire – et une enquête est menée par la suite pour s'assurer qu'il n'y a pas un problème sous-jacent à régler, comme une mesure de sécurité qui ne serait pas bien appliquée. Tous vos événements ont été soigneusement consignés avec d'ailleurs plusieurs autres provenant de différents étages. Ce genre d'établissement héberge une clientèle présentant des besoins lourds. Ce qui est une anomalie dans ce milieu est plutôt une journée sans incident.

Mathieu et Océane se regardent, partageant les mêmes interrogations, mais avant que l'un ou l'autre puisse ouvrir la bouche, Jean-Luc Gélinas prend la parole.

— Je ne sais pas si vous l'avez remarqué, mais parfois, je suis un peu… disons… assez…

hum… tête de cochon, brusque. J'aime obtenir ce que je m'estime être en droit d'exiger. Et si l'on se met sur mon chemin, je n'agis pas toujours bien. Avec vous deux, j'ai été franc, à l'exception de cette histoire de n'avoir personne. Je ne le disais pas pour attirer votre pitié, quoi que vous puissiez croire. C'est un peu ma revanche envers lui qui vit si loin.

À cet instant, le vieil homme sourit à son fils qui lui répond d'un hochement de tête.

— Aujourd'hui, je suis content de le voir, ce rejeton, même si, dans quelques semaines, je vais peut-être faire la tête de nouveau. Je dirai que je n'ai pas eu d'enfant parce que ça sera ce que je ressentirai. Je n'ai pas voulu vous mentir exprès.

Océane croit comprendre la position de Jean-Luc, ce qui ne réfute pas pour autant les insinuations émises par Berthe la veille.

— Hier, j'ai aussi appris d'autres choses. Des informations sur vous…

Le résident soulève un sourcil intrigué durant une fraction de seconde, pour pousser ensuite un rire moqueur qui laisse clairement entrevoir qu'il vient de deviner ce qu'on a pu colporter à son sujet.

— Des mauvaises langues, il y en a partout. Je n'y accorde aucune attention.

— Eh bien, moi, j'aimerais savoir ce que l'on répand et, surtout, qui se donne le droit ! grommelle le fils. On se croirait de retour à la petite école !

Mathieu fait signe à sa complice pour qu'elle poursuive.

— Berthe m'a dit que vous étiez paranoïaque et que vous aviez été jusqu'à attaquer quelqu'un à votre ancienne résidence.

Jean-Luc Gélinas s'esclaffe alors du plus gros rire qu'il ait jamais eu. Son fils semble vouloir l'accompagner un instant, puis décide finalement de conserver son sérieux.

— Je vous comprends d'être inquiets, si c'est ce qu'on vous a rapporté.

— Laisse, Robert! interrompt le résident qui s'efforce de contenir son hilarité. Je m'en occupe. Alors, c'est ça qui vous donne ces têtes d'enterrement!

Ni Mathieu ni Océane n'osent répondre.

— Ben, c'est vrai que je suis paranoïaque et c'est aussi vrai que j'ai cassé la margoulette à ce vieux Jacques.

Le fils Gélinas n'a pas l'air heureux de la désinvolture de son père.

— Papa, ce ne sont que des enfants... Désolé, je devrais dire des adolescents, très généreux, qui ont pris le temps de t'écouter et de t'aider.

Cette fois, Robert ne se laisse pas interrompre. Il enchaîne sur la nature de son père qui, tout en ne souffrant d'aucune paranoïa, manque parfois de retenue et surtout de divertissement. Il mentionne également que l'homme devient plus anxieux en prenant de l'âge, ce qui irrite le principal intéressé, qui ne réussit tout de même pas à couper la parole à son fils. Celui-ci a vraisemblablement hérité du fort caractère paternel.

Puis, Robert Gélinas précise qu'il y a effectivement eu une bataille qui a mené à l'expulsion de son père. Par contre, il ne s'agissait pas d'une attaque, ce Jacques et lui ayant d'un commun accord décidé de se battre, malgré leurs fauteuils roulants respectifs.

— Il y a même eu quelques paris à l'étage. Puis, l'autre résident n'appréciant pas particulièrement la défaite, il a porté plainte contre mon père.

— Une sacrée poule mouillée! s'emporte Jean-Luc avec véhémence.

— Mon père n'est pas méchant, c'est juste qu'il s'ennuie parfois et cherche à sortir du quotidien monotone d'une résidence. C'est pourquoi je lui ai de nouveau offert de venir vivre avec moi en Virginie. Je peux aisément faire adapter l'arrière de la maison pour t'y aménager un super coin, une belle pièce bien à toi. Tu le sais, p'pa.

— Ce serait effectivement toute une aventure, commente Mathieu.

— Bon. Arrêtez de parler de moi comme si je n'étais pas assez grand pour prendre mes propres décisions. On n'est pas réunis ici pour discuter de mon choix d'habitation. Même si hier, Robert m'a calmé un peu sur cette idée de crimes intentionnels, je ne suis tout de même pas convaincu. Et c'est pour ça que j'ai voulu qu'il vous rencontre. Vous deux savez ce qui ne tient pas la route dans cette histoire de "tout est normal", bla-bla-bla…

— Les pièces de Scrabble, rappelle Mathieu en prenant l'une d'elles sur le plateau pour l'exhiber de gauche à droite.

— On m'a dit que vous les aviez découvertes sur les scènes de chacun des crimes.

En prononçant le dernier mot, Robert a agité l'index et le majeur de ses deux mains pour dessiner des guillemets imaginaires. Ce n'est apparemment pas un adepte de la thèse du méchant bourreau faisant d'innocentes victimes dans la résidence. Il prend tout de même la peine de les écouter pendant que Mathieu et Océane racontent où ils ont récupéré chacune des pièces de bois.

— Donc partout, sauf à la piscine. J'ai parlé à la réceptionniste un peu plus tôt au sujet de ce jeu de Scrabble et elle…

— Vous avez discuté de nos indices ? l'arrête la jeune fille.

— Plus ou moins. J'ai surtout demandé si beaucoup de gens s'adonnaient au Scrabble et si c'était normal de retrouver des pièces par-ci par-là.

L'adolescente, qui s'était assise sur le lit aux côtés de Mathieu, se lève pour faire quelques pas.

— Vous n'auriez pas dû. Moi, la thèse de la coïncidence, je n'y crois pas. Je vous rappelle que j'ai récupéré une de ces pièces au fond d'une cage, sous un oiseau empalé !

Le fils de Jean-Luc affiche maintenant un sourire plutôt présomptueux qu'Océane ne trouve plus aussi bienveillant.

— Vous croyez peut-être que le cockatiel était aussi amateur du jeu de mots. Après tout, on m'a dit qu'il avait déjà un certain vocabulaire, ajoute-t-elle d'un ton acerbe.

— Je ne pense pas que cette histoire soit ridicule. Seulement, elle est peu probable et il y a souvent une autre explication qui se cache derrière des événements qu'on perçoit comme bizarres. C'est ce que je voulais vous démontrer. Effectivement, la réceptionniste m'a confirmé que plusieurs personnes jouent au Scrabble. Et, comme avec tout le reste, les choses se perdent.

— Jean-Luc, combien êtes-vous à jouer au Scrabble ?

— De façon régulière ? Seulement Paul, qui n'est toujours pas revenu de l'hôpital ; Éric, le frère de Maria, qui est parti depuis quoi... deux semaines. Il ne reste que moi, quand Mathieu m'offre un peu de son temps.

— Donc, personne d'autre à cet étage ne joue, conclut l'adolescent, ce qui ne désarme le fils Gélinas qu'un court instant. Alors, qui laisse des pièces partout si personne d'autre ne joue ?

— Voyons, cette histoire est farfelue. Pourquoi quelqu'un agirait-il ainsi ? Et puis, vous prétendez avoir tout tenté pour y déceler un message. Sans succès.

Effectivement, Océane a passé beaucoup de temps chez elle à manipuler les lettres : elle les a déplacées pour découvrir un mot, les a aussi entrecroisées à l'habituelle manière du jeu, afin de tenter d'y décoder un message composé de deux mots. Mathieu, lui, a pensé à utiliser autant de lettres que les points associés à chacune d'elles. Par exemple, deux **M** parce que cette pièce en rapporte deux. Malheureusement, ils ont beau se creuser la tête, rien n'y fait.

— En plus, la série s'est interrompue. Aucun incident hier ni aujourd'hui, n'est-ce pas ?

— C'est pour ça qu'on s'inquiétait tant ! La disparition de Jean-Luc, on a d'abord craint que ce soit le nouvel événement, puis on a su pour vous, explique la jeune fille en pointant le fils. Mais alors, l'autre conclusion était tout aussi dérangeante…

Mathieu et elle fixent maintenant le résident d'un regard où se mêlent le doute et la tristesse.

— Quoi ? s'écrie-t-il. Je pensais que vous croyiez que je paranoïais, que je m'alarmais pour rien. Non, vous avez cru que *moi* j'étais le coupable…

— Désolée, mais Berthe l'a suggéré et avouez que c'était tout de même possible.

Le vieil homme semble plus étonné et amusé qu'offusqué par l'accusation.

— Et maintenant, qu'est-ce que vous pensez ?

— Moi, je ne sais plus trop..., répond Mathieu. On n'a jamais réellement cru que c'était vous.

— C'est vrai. Si ce n'étaient les pièces de Scrabble, on dirait comme votre fils.

Le résident suit d'un regard insistant l'homme qui fait les cent pas en tournant en rond dans la petite chambre. De toute évidence, il aimerait rentrer chez lui en ayant dissipé les craintes de son père.

— Qu'est-ce que la direction pense de cette histoire de Scrabble ?

— J'avoue que je l'ai passée sous silence parce qu'elle m'apparaissait enfantine. Je tenais à parler des incidents, des mesures de sécurité pour assurer un environnement sain et paisible à mon père.

— Pourtant, les pièces sont bien réelles, affirme Océane en plantant ses yeux dans ceux de Robert Gélinas.

Avec son paletot gris foncé, l'homme aux tempes déjà poivre et sel a fière allure. La dernière intervention de la jeune fille semble avoir percé sa carapace. Beaucoup de vigueur se dégage du fils du résident et donne à Océane une bonne idée de ce dont Jean-Luc Gélinas devait avoir l'air, avant qu'il soit condamné au fauteuil roulant.

— Nous, on ne peut que s'avouer vaincus. On n'a pas réussi à décrypter le message caché derrière ces pièces ni à découvrir la personne responsable de ces actes.

Pendant un moment, Jean-Luc résume les revers de ses recherches auprès de l'ancien employeur du concierge. Celui-ci a toujours été un travailleur discret et efficace. Aucune controverse à son sujet ne lui a été rapportée, malgré son insistance.

— Berthe, le concierge, un autre résident comme le vieux fou du quatrième, un préposé… Plusieurs ont accès à l'étage et, bien que nos soupçons reposent surtout sur Berthe ou Jules, on n'a aucune preuve. La police, elle, pourrait enquêter.

— Tu me vois, toi, p'pa, composer le 911 pour leur dire que des étudiants travaillant à la résidence de mon père ont ramassé des pièces de Scrabble à divers endroits ? Et qu'on croit pour cette raison que des incidents que la direction considère comme malencontreux, quoique tout à fait normaux, seraient en fait l'œuvre d'un sadique concierge ou d'une cruelle infirmière prenant plaisir à martyriser les personnes âgées ?

— Ils ne viendront pas, conclut Mathieu en soupirant bruyamment. Je parierais tout ce que j'ai qu'ils ne se déplaceraient pas pour ça.

— Les pièces de Scrabble sont réelles, elles, répète Océane avec entêtement.

Le fils de Jean-Luc s'est remis à arpenter la chambre.

— Vous en avez combien ? demande-t-il.

— Cinq, répond Mathieu. Il nous manque celle de la piscine qu'on n'a pas retrouvée.

— Il n'y en avait peut-être pas, remarque Robert. Après tout, le produit dans l'eau pouvait être un pur accident. En supposant évidemment que votre hypothèse selon laquelle les autres événements seraient effectivement reliés et exécutés par la même personne tienne la route.

Océane se surprend à apprécier ce raisonnement.

— J'avoue qu'on voulait absolument l'ajouter aux cas de l'étage, mais le contraire est très plausible.

— Alors, il n'y aurait que ces cinq lettres, intervient Mathieu en tentant une nouvelle fois de les agencer pour former un mot.

— Ou cinq chiffres, reprend le fils Gélinas.

— On pense que les chiffres indiquent peut-être le nombre de fois où la lettre doit apparaître dans le ou les mots qu'on cherche, explique Jean-Luc. On a essayé différentes combinaisons, sans obtenir plus de succès, d'ailleurs.

Le cellulaire de Robert Gélinas s'active sur une musique exotique mise en sourdine. L'homme s'excuse de devoir répondre à l'appel et s'isole du petit groupe de plus en plus découragé.

— C'est tellement frustrant de se retrouver à cinq lettres de la solution… ou cinq chiffres…

Mathieu a terminé sa phrase en parlant pour lui-même doucement. Océane se demande pourquoi il a eu l'air si songeur en disant « cinq chiffres ».

L'adolescent lève des yeux interrogateurs.

— La première lettre était le **D**, n'est-ce pas ? Et puis, **M**, **B**, **C** et, finalement, le **E**…

Jean-Luc et Océane acquiescent de la tête. La jeune fille s'approche de Mathieu. Croyant deviner pourquoi il remet les pièces dans l'ordre d'arrivée, elle prononce à voix haute le résultat.

— 2-2-3-3-1.

Depuis le début, ils supposent tous que les lettres sont importantes. Et s'ils faisaient fausse route ? Si les lettres n'avaient aucune importance et que ce 22331 représentait la solution ?

— Ça dit quelque chose à quelqu'un le 2-2-3-3-1 ? questionne Océane pendant que Robert termine son appel.

— Oui. Merci… Je vous contacte s'il y a quoi que ce soit… Oui… J'ai votre numéro, conclut le fils de monsieur Gélinas depuis l'entrée de la chambre.

« Votre numéro… Un numéro de téléphone… Oui, s'il y avait sept chiffres. Seulement, il n'y en a que cinq », s'impatiente Océane.

— Ça vous dit quelque chose le 2-2-3-3-1 ? répète l'adolescente pour Robert Gélinas de retour parmi eux. Peut-être qu'on doit tenir compte uniquement des chiffres. Cinq chiffres, à quoi ça peut correspondre ?

— Le 22331, moi, ça me fait penser au 22316. Pas toi, p'pa ?

Jean-Luc Gélinas ouvre alors de grands yeux où se lit un mélange d'excitation, d'impatience et de déception.

— Le poste ! La ligne téléphonique interne commence par le 22 suivi du numéro de chambre. Ici, c'est le 22316. Comment n'y ai-je pas pensé moi-même ?

— Donc, vous dites qu'il s'agit du numéro de téléphone de la chambre 331, continue Océane qui se sent gagnée par un nouvel enthousiasme devant cette piste fraîche.

Mais à ce moment-là, Jean-Luc Gélinas laisse sortir un sacre qu'il aurait bien voulu retenir.

— Désolé, c'est juste qu'il n'y a pas de chambre 331. On s'emballe pour rien.

— Ça vaut la peine de vérifier, réplique Robert Gélinas. Il n'y a pas que les chambres qui ont des postes téléphoniques. Et puis, ça ne coûte rien d'essayer.

Robert propose de composer le numéro, mais Océane insiste pour s'en occuper. Elle se dirige vers le vieil appareil posé sur la table de chevet à côté du lit. Elle décroche et compose le 2-2-3-3-1, s'attendant à un bip d'erreur prouvant que le poste n'existe pas dans l'immeuble. C'est le contraire qui se produit.

— Ça sonne !

Mathieu, Jean-Luc et Robert sont aussi silencieux que si elle leur avait transmis une terrible nouvelle. Le signal retentit plusieurs fois, pas de réponse. Finalement, au sixième coup, le système de messagerie automatique de la résidence amorce l'habituelle annonce.

« Votre appel a été acheminé au centre de messagerie du Grand Chêne. Vous tentez de joindre... »

La voix change pour celle de l'employé.

« *Maria Boudrias...* »

« La personne n'est pas disponible actu... »

Le reste du message ne parvient pas jusqu'à Océane. Elle laisse tomber l'appareil en entendant le nom de la secrétaire et cette intonation qu'elle ne connaît que trop bien.

14

— Alors, qui est-ce ?

Océane demeure immobile. Pendant un instant, tout lui paraît irréel. Les trois autres individus présents dans la chambre la considèrent avec une appréhension et une impatience évidentes. Pourtant, elle a l'impression que le temps s'est arrêté une fraction de seconde pour la laisser souffler. Les murs de la pièce s'éloignent pendant que son regard flotte dans l'attente. Une brève accalmie avant la tempête.

Le bruit du récepteur téléphonique que Mathieu a replacé sur la table de chevet ramène l'adolescente à la réalité.

— C'est le numéro de Maria. Maria Boudrias, la secrétaire.

— Maria ? répète Jean-Luc. Vraiment ?

— Fait-elle partie de vos suspects ? s'informe Robert.

Océane devient plus agitée à chaque seconde qui passe. Ses mains se mettent à trembler. Tout se bouscule dans sa tête. Maria aurait-elle pu commettre ces actes malveillants ? Maria, qui se trouve actuellement avec Ulrich. Son frère, qui aime beaucoup la réceptionniste, voulait voir sa collection d'insectes.

L'adolescente s'imagine Maria et Ulrich penchés au-dessus d'un présentoir de lépidoptères. Tout à coup, une autre image s'impose à son esprit: celle de l'oiseau. Le cockatiel empalé, les ailes bien étirées à la façon d'un de ses papillons.

— C'est Maria! Elle n'était pas là... hier et... il n'y a pas eu d'accident, balbutie la jeune fille en secouant désespérément la tête. Je dois retrouver mon frère au plus vite. Il est parti avec Maria. Oh, Mathieu! L'oiseau empalé sur un crayon comme les collections de papillons à l'Insectarium... Tout coïncide. C'est elle qui a fait ça!

Les trois hommes la dévisagent un bref moment, impuissants devant son désarroi. Puis, l'instant d'après, ils parlent tous en même temps. Jean-Luc veut sonner l'alarme; Mathieu s'y oppose pour éviter d'alerter la réceptionniste; Robert approuve et propose plutôt d'appeler la police et d'assumer la responsabilité d'avoir à justifier le déplacement des forces de l'ordre.

— Mais on ne peut pas attendre qu'ils arrivent. Je dois retrouver Ulrich.

— Oui, mais calmement, comme si de rien n'était, lui intime le vieux résident. Tu vas rejoindre ton frère comme d'habitude. Maria ignore qu'on a découvert que c'est elle la responsable. Où sont-ils censés être?

La jeune fille est tellement bouleversée qu'elle a de la difficulté à se rappeler ce que

Maria a dit à leur arrivée. Elle s'assoit sur le lit et inspire profondément. La scène lui revient alors en mémoire.

— Ulrich, je suis contente que tu sois venu avec ta sœur.

— Bonjour, Maria. Vous allez bien ?

— Oui. Je ne me sentais pas bien hier, mais ça va mieux là. Et puis, j'ai pensé à toi, à toi et à ton amour pour la nature. Tu es si gentil. Alors, je te l'ai apporté.

— Apporté quoi ? avait demandé son frère intrigué pendant qu'Océane avait songé à interrompre la réceptionniste pour se rendre au plus vite à la chambre de Jean-Luc.

— Ma collection de lépidoptères.

— Super ! s'était enthousiasmé Ulrich. Je peux la voir ?

— Oui, si ta sœur est d'accord.

Océane avait plutôt discrètement rappelé à Ulrich qu'il devait l'aider pour son atelier. Évidemment très déçu, le garçon avait promis de revenir sans faute après son coup de main à sa sœur.

— Elle a demandé à mon frère de venir voir sa collection de papillons ; elle l'avait apportée spécialement pour la lui montrer. Elle n'a pas précisé où, à la réception sûrement. Quoi que, elle n'a pas répondu...

— Allons-y ensemble, propose Mathieu. Tout va bien se passer, Océane. Elle ne sait pas...

Robert Gélinas interrompt subitement le garçon.

— Je ne veux pas tenir le rôle du pessimiste. Mais on doit être prudents, car il est possible qu'elle se doute de quelque chose. Je suis désolé, c'est ma faute.

Les adolescents avaient totalement oublié que le fils de monsieur Gélinas avait demandé à Maria, plus tôt dans la journée, si des pièces de Scrabble étaient souvent égarées par les joueurs.

— Est-ce qu'elle t'a paru nerveuse ou perturbée quand tu lui en as parlé? l'interroge Jean-Luc.

— Je n'ai pas fait attention. J'étais moi-même un peu mal à l'aise de mon étrange question.

— Je m'en fous. Je dois retrouver mon frère au plus vite! s'exclame Océane, de plus en plus agitée.

— Je viens avec toi, réaffirme Mathieu.

— On y va tous, décrète le fils Gélinas. Mais on ne doit pas foncer comme la cavalerie pour l'affoler. Mon père et moi, on restera un peu plus loin derrière vous, prêts à vous aider si les choses tournent mal…

L'adolescente, qui tient difficilement en place, a déjà ouvert la porte avant que Robert termine sa recommandation. Elle s'efforce presque inconsciemment de repousser des images horrifiantes de son frère kidnappé par la réceptionniste: ligoté et bâillonné avec un foulard sale enfoncé dans sa bouche pour étouffer ses appels désespérés, Ulrich coincé dans l'étroit coffre d'une vieille Honda rouillée... La scène s'impose dans tous ses détails, puis Océane réussit à la chasser.

Dans le corridor, avec Mathieu à ses côtés, son regard se tourne immédiatement vers le poste central de l'étage. De loin, le bureau de Maria semble désert, bien qu'on ne l'aperçoive que partiellement. Au moment où elle s'apprête à faire le pas suivant, la jeune fille perçoit des cris étouffés et s'immobilise. Mathieu la devance alors et s'arrête à un mètre d'elle.

— Tu as entendu? demande-t-elle.

— Quoi? Qu'est-ce qu'il y a?

Les appels inarticulés d'Ulrich résonnent de nouveau, mais l'adolescente les ignore et se remet en marche quand, soudain, toutes les tuiles du plancher autour d'elle se mettent à valser. Mathieu, dont les deux pieds sont situés sur l'unique carreau toujours stable, est le seul être immobile dans le champ de vision d'Océane.

Pendant que plusieurs gouttes de sueur se forment sur son front, la jeune fille sent ses jambes devenir molles. Elle tente de freiner un nouveau scénario alarmant qui envahit son esprit: elle, parcourant l'édifice en entier pour ne retrouver son frère nulle part, obligée d'appeler la police, puis ses parents, car malgré toutes leurs recherches, Ulrich demeure introuvable. Puis, sa photo placardée sur une de ces annonces d'enfants kidnappés...

L'adolescente est soudain convaincue qu'elle va bientôt s'évanouir, ce qui fait naître en elle une rage désespérée. Son frère a besoin d'elle, ici et maintenant. Cette fois, il ne s'agit pas d'une création de son imaginaire, mais bien de la réalité. Elle secoue sa tête de gauche à droite tout en se frottant les yeux, quand Robert Gélinas pose une main apaisante sur son bras.

— On va retrouver Ulrich sain et sauf, affirme-t-il tout en serrant doucement le bras d'Océane.

D'habitude, la jeune fille a horreur que quelqu'un ait conscience d'un de ses épisodes de stress intense, où elle a l'impression parfois de côtoyer la folie pure. Cependant, cette pression réconfortante du fils de Jean-Luc a plutôt l'effet de la ramener dans l'instant présent encore plus efficacement que toutes les techniques qu'on lui a apprises. Subitement, elle ne se sent plus seule dans sa tête avec ses idées, elle est au troisième étage du Grand Chêne, accompagnée par trois personnes qui partagent un même objectif: retrouver Ulrich. Elle peut compter sur leur soutien. Mathieu, Jean-Luc, et même Robert vont tout faire pour l'aider. Elle en est persuadée et cette certitude lui redonne son assurance.

— Merci, murmure-t-elle au moment où toutes les tuiles reprennent sagement leur place. Il faut faire vite.

— Tout va bien aller, O.

La parole d'encouragement de Mathieu lui transperce le cœur, car le garçon a utilisé le surnom que seul son frère lui donne.

Le bureau de réception est désert, tout comme le petit local au fond qui abrite le surplus de fournitures ainsi qu'un miniréfrigérateur et une cafetière. Celle-ci est d'ailleurs éteinte et bien froide, ne présentant qu'une carafe au fond brun desséché.

— La salle de détente, émet Océane.

Les deux adolescents s'y rendent pour la trouver tout aussi vide. Pas même un vieux résident endormi devant le téléviseur! Tout se déroule comme la jeune fille le craignait.

— Où est-il? marmonne-t-elle entre ses dents, hésitant à se précipiter dans une direction plutôt qu'une autre.

Derrière l'épaule gauche de Mathieu, elle aperçoit Berthe aux côtés de son chariot de médicaments. Elle se dirige vers la silhouette désormais dépourvue de son aura hostile.

— Je cherche mon frère. Il devait rejoindre Maria pour qu'elle lui montre quelque chose.

— Et en quoi ça me concerne? demande l'infirmière en relevant à peine les yeux de son travail.

Océane demeure immobile, incapable de se résoudre à accepter cette réaction. Heureusement, l'attitude de Berthe s'adoucit lorsque son regard croise les yeux pleins de détresse de la jeune fille. Elle jette également un coup d'œil au garçon à la mine longue à ses côtés et délaisse aussitôt son chariot pour faire un pas vers eux.

— Qu'est-ce qui ne va pas? s'enquiert-elle d'une voix sincère.

Ravalant une boule d'émotion, l'adolescente s'efforce de garder son calme.

— Je dois retrouver mon frère au plus vite. C'est vraiment urgent. Savez-vous où ils peuvent être?

— Je les ai vus brièvement à la réception, Maria et lui. Ça fait déjà plus d'un quart d'heure qu'ils n'y sont plus; je l'ai remarqué parce que le téléphone sonnait sans arrêt, tout à l'heure. Normalement, Maria répond toujours avant la deuxième sonnerie. Une vraie machine! Que se passe-t-il? Une urgence à la maison?

Ce n'est pas le moment de se laisser émouvoir ou de se faire prendre en pitié. Pour toute réaction devant le trouble de l'infirmière, Océane la presse encore.

— Vous connaissez Maria. Où irait-elle pour montrer sa collection d'insectes à mon frère?

— Une collection d'insectes? Maria?

— Oui, elle a fait des études de biologie. Elle l'a apportée aujourd'hui. Où peut-elle être allée?

Pendant la discussion, Jean-Luc et Robert les ont rejoints et s'entretiennent à mi-voix avec

Mathieu qui vient bientôt annoncer à Océane qu'ils descendent à la cafétéria. La jeune fille approuve, comprenant qu'ils doivent se séparer pour augmenter leurs chances.

— Je te texte, s'ils sont là.

— Sérieusement, pourquoi tout ce branlebas ? questionne Berthe en regardant le trio se diriger vers les ascenseurs. Encore une histoire de Jean-Luc ?

— Non, c'est Maria. Je n'ai pas le temps de vous expliquer. S'il vous plaît !

L'infirmière, baignant clairement dans une mer d'incompréhension, fixe l'adolescente devant elle en secouant sa large tête.

— On doit sonner l'alarme si ton frère est en danger.

— Non. Surtout pas ! S'il vous plaît : avez-vous une idée d'où elle peut l'avoir emmené ?

— Maria est une personne très secrète. Elle ne partage pas grand-chose. Elle fait son travail et c'est pratiquement tout.

— Et le midi ? Elle s'arrête pour le lunch ?

— Bien sûr. Elle mange rapidement à la cafétéria, puis elle sort marcher.

— Tous les jours ?

— Presque, oui. Maria est un être de routine. Elle répond avant la deuxième sonnerie. Elle a toujours le même lunch. Il faut une tempête pour qu'elle change ses habitudes. Les rares fois où elle y déroge, alors elle s'allonge sur le divan pour faire un somme.

— Le divan ?

— Oui, en bas. C'est vrai que tu pourrais vérifier la salle de détente des employés, à l'arrière de l'édifice, près de la sortie qui donne sur le stationnement. Elle n'y va pas souvent. Mais c'est un endroit tranquille pour se reposer…

L'infirmière n'a pas terminé sa phrase qu'Océane est partie au pas de course vers les ascenseurs, délaissant la Roumaine encore médusée.

15

Dans l'ascenseur menant au sous-sol, le cœur d'Océane bat à coups sourds qui résonnent jusque dans ses tempes. Comme pour jouer avec sa stabilité mentale, la cage s'immobilise au deuxième étage pour prendre un résident. Il s'agit d'une vieille dame ridée aux cheveux d'un blanc bleuté qui progresse doucement.

Réprimant une furieuse envie d'obliger la résidente à attendre le prochain passage de l'ascenseur, la jeune fille enfonce le bouton d'ouverture pour laisser à la femme le temps d'entrer.

— Merci, merci. C'est gentil de patienter. Vous descendez à la cafétéria?

L'adolescente secoue la tête négativement.

— Pourriez-vous appuyer pour le rez-de-chaussée? demande la passagère non désirée à Océane qui monopolise tout l'espace devant le panneau, comme pour empêcher quiconque de ralentir sa progression vers son frère.

À contrecœur, elle obtempère et, l'instant d'après, la cage s'immobilise. Les portes s'ouvrent et elle est soulagée de n'apercevoir personne d'autre. «J'aurais dû prendre l'escalier», se dit-elle en poursuivant seule sa descente vers le sous-sol.

L'immeuble est construit dans une rue en pente, aussi le terrain est-il plus haut à l'avant qu'à l'arrière. Les pièces qui occupent la partie avant de l'édifice à ce niveau ne profitent d'aucune lumière et, au contraire, celles de derrière disposent de fenêtres et de portes vitrées permettant un accès direct à l'extérieur en contrebas.

Océane longe le couloir silencieux vers l'arrière de la résidence en songeant qu'elle ne suit aucun plan, mais qu'elle se sent étrangement sûre d'elle. D'un pas soutenu, elle dépasse les installations de chauffage et de climatisation, puis diverses zones de rangement. Finalement, elle aperçoit la salle de détente. Par les doubles portes vitrées, elle distingue une pièce aérée qui donne sur un minuscule jardin d'agrément, ainsi que sur le stationnement des employés. L'endroit semble peu fréquenté en cette fin d'après-midi.

La jeune fille tourne la poignée de la porte de droite, qui n'offre aucune résistance. Elle pénètre dans le local aux teintes sombres et chaudes de prune et d'anthracite. Elle a à peine le temps de saisir l'ensemble de la pièce dans son champ de vision qu'une voix bien connue l'accueille avec enthousiasme.

— Océane ! Chouette ! T'es descendue ! Viens voir, c'est super ! Pas du tout dégueu, s'écrie Ulrich avec un grand geste du bras pour faire avancer sa sœur, figée à l'entrée de la salle près de la rangée de casiers.

Les yeux brillants, le frère ne pense qu'à partager son émerveillement pour la splendide collection de lépidoptères.

— Ulrich, on doit partir.

— Approche avant. Le bleu est débile. Il s'appelle comment déjà ? demande le garçon à Maria dont le regard habituellement mélancolique vient de s'assombrir en apercevant l'adolescente.

Pendant qu'Ulrich se penche pour admirer l'insecte, la secrétaire pose une main protectrice sur l'épaule de celui-ci.

— Un morpho, Éric.

— Non, Ulrich. C'est drôle : ça fait trois fois que vous m'appelez Éric, lui reproche gentiment le garçon. Océane, viens voir !

Une dizaine de pas séparent la jeune fille de la table où sont déposées de larges et minces boîtes de bois fermées par une vitre. Chacune présente, soigneusement épinglés, une douzaine de spécimens ou davantage, selon la taille de chacun. Deux des contenants sont ouverts. Installés épaule contre épaule de l'autre côté de la longue table, Maria et Ulrich sont assis sur des chaises de cuisine.

— Allez, Océane ! Ne reste pas plantée là !

La jeune fille, au front maintenant parsemé de gouttes de transpiration, se sent paralysée devant l'intensité de la présence de la réceptionniste dont la main repose encore sur son frère. Elle doit se ressaisir. Si elle fait vite, il y a peut-être moyen de s'éclipser comme si de rien n'était.

— Non, Ulrich. Il faut rentrer à la maison. On va être en retard.

— Qu'est-ce que tu racontes? On prend toujours le bus de moins dix et il n'est même pas et demie. Viens, deux minutes. Ce n'est pas dégueu, je te dis.

— Je n'ai pas envie.

Elle aurait voulu ajouter, pour sembler naturelle: «Désolée, Maria. Ne le prenez pas personnel; j'ai juste horreur des insectes, vivants ou morts.» Seul le minimum passe dans sa gorge serrée à l'extrême.

— Viens, Ulrich! le somme une nouvelle fois Océane avec une urgence dans la voix qui fait relever la tête du garçon.

Mais au lieu d'obtenir une réaction docile de son frère, celui-ci lui adresse un large sourire moqueur.

— Vous avez vu, Maria, comme ma sœur est peureuse? Allez, les petites bibittes ne mangent pas les grosses! Surtout qu'elles sont mortes.

— Je pense que tu ne devrais pas insister, Éric. Océane n'a pas envie. C'est son choix.

Encore la même erreur de prénom. Maria appelle Ulrich du nom de son frère à elle, note l'adolescente, intriguée. Obligée de se résoudre à les rejoindre, elle tente un sourire anodin.

— D'accord, mais juste une minute.

Arrivée devant la table, la jeune fille contemple les papillons pointés par son frère sans écouter les explications; elle est trop perturbée par le regard pesant que la secrétaire braque sur elle. Elle transpire de plus en plus. Une goutte qui perle au bout de son nez atterrit juste à côté de l'aile du spécimen orangé le plus proche.

— Pouah! Océane, tu dégouttes! T'as la face pleine de sueur. T'es malade ou quoi? questionne le garçon encore totalement inconscient du malaise de sa sœur.

— Oui, j'ai vraiment mal à la tête, répond-elle, profitant de la bouée que son frère vient de lui jeter sans le savoir.

Elle retrouve un peu de vigueur, regagnant même le courage de fixer la secrétaire dans les yeux.

— Désolée, Maria. C'est visiblement beaucoup de travail et très joli, mais j'ai une de ces migraines qui me prend parfois. On doit vraiment partir.

À ces mots, elle glisse sa main vers celle de son frère pour la retirer de l'une des boîtes et l'inciter à sortir.

Océane ne voit rien arriver. Tout se passe si rapidement: Maria étend le bras aussi vite qu'un python fonçant sur sa proie. Elle enfonce une aiguille de la taille d'un long clou le long du poignet d'Ulrich, capturant son chandail dans la surface de styromousse de la boîte et écrasant par la même occasion un des splendides morphos bleus. L'aiguille est plantée à un millimètre du poignet du garçon.

Plus ahuri qu'apeuré, Ulrich commence à tirer sur son bras tout en jetant des coups d'œil autant à l'amatrice de lépidoptères qu'à sa sœur.

— Vous faites quoi, là ? C'est pas drôle. O, c'est une blague, hein ?

— Maria, je veux seulement ramener mon frère. S'il vous plaît, rien d'autre ! Je...

— *Je... je... je...* Tu es juste une égoïste, comme tous les autres.

Ne se faisant plus d'illusions sur les intentions de la secrétaire, Ulrich se démène pour s'éloigner au plus vite. Le chandail résiste, et le garçon tente alors de retirer l'aiguille.

— NOOON !

La main d'Ulrich s'immobilise. La femme si gentille des dernières semaines exerce désormais un effet des plus angoissants sur le garçon. Cependant, c'est l'incompréhension plus que toute autre émotion qui se lit sur le visage qu'il tourne vers Maria. Le résultat est bénéfique, car un voile de douceur naît sur les traits de sa ravisseuse.

— Voyons, Éric, on n'a pas encore regardé la dernière boîte. C'est la plus belle, ta préférée.

Le garçon, qui comprend désormais que Maria n'a plus toute sa tête, a perdu toute envie d'admirer des papillons morts épinglés dans l'abdomen.

— Je n'ai plus le temps. Ma sœur m'attend ; nos parents vont s'inquiéter.

Océane remarque alors la mâchoire de la femme qui se crispe et ses yeux qui redeviennent froids et impatients. Les réactions de la secrétaire se déroulent comme un film au ralenti. Toute la scène est empreinte d'une folie presque palpable, et c'est alors que l'adolescente décide d'une tout autre stratégie pour amadouer Maria. Elle adresse aussitôt un regard rassurant à son frère.

La réceptionniste affiche maintenant un sourire forcé et un regard avide. Elle s'étire au-dessus d'Ulrich pour récupérer la plus grande des boîtes. En voulant la déposer, elle aperçoit le chandail du garçon, que l'aiguille retient toujours.

— Bon, on regarde juste celle-ci. Ne bouge pas, sinon tu pourrais déchirer ton chandail.

Elle retire l'aiguille, la pose un peu plus loin sur le côté, puis repousse les contenants devant eux pour faire place au nouveau coffret.

— Tu dois faire attention, Éric. Normalement, on ne touche pas aux ailes, mais aujourd'hui, c'est spécial, et je te le permets. D'accord ?

Maria se rassoit et sa main vient de nouveau se poser sur l'épaule du garçon, tel un insecte refermant sa pince sur sa proie. Ulrich, la tête penchée sur les papillons, lève discrètement les yeux vers sa sœur.

— D'accord, réussit-il à prononcer.

Sans hésitation, Océane s'approche dans le but de distraire la secrétaire.

— Wow, c'est bien le plus gros que j'aie vu ! s'exclame-t-elle en pointant un des témoins silencieux.

— NE TOUCHE PAS AUX PAPILLONS !

Le cri de Maria retentit comme une alarme. La jeune fille recule d'un pas pendant qu'Ulrich bondit sur sa chaise. La femme resserre alors davantage sa prise sur le garçon, le forçant à demeurer assis.

S'il n'y avait pas la table entre eux, Océane tenterait d'arracher son frère à l'emprise de Maria et celui-ci essaierait sûrement de fuir. Néanmoins, de part et d'autre de cette barrière, une entente tacite semble se conclure entre le frère et la sœur : seule la manière douce pourra les sauver. Sauf que la situation éprouve leurs nerfs et exige d'eux une maturité au-delà de leur âge.

— Je n'y touchais pas, commente Océane en s'approchant de nouveau.

— Ils sont très fragiles. Celui-ci est un rhetus du Venezuela. Je l'ai attrapé il y a huit ans.

— Wow ! Huit ans ! Et il a gardé toutes ses couleurs !

Cette fois, la réceptionniste a mordu à l'hameçon. Le commentaire admiratif de la jeune fille détourne son attention d'Ulrich.

— C'est grâce au processus de conservation.

— Est-ce que vous l'avez rapporté vivant ou…

Océane regrette sa question qu'elle est incapable de terminer.

— J'utilise du formaldéhyde dès la capture. Ils meurent rapidement sans que ça endommage leurs ailes ou altère leurs couleurs. Avec une seringue comme celle-ci, précise l'amatrice de lépidoptères.

La secrétaire sort une seringue pleine de liquide d'un sac de matériel posé juste à côté de sa main libre.

— J'injecte une petite quantité de solution formaldéhyde au niveau du thorax. Le papillon meurt instantanément. Ensuite, il faut rapidement les étaler, car leurs ailes deviennent rigides. On prend de longues pinces effilées pour les manipuler, précise Maria en indiquant un outil ayant davantage l'air d'un poinçon que d'une paire de pinces. Je préfère les installer en voyage. Presque toute cette boîte provient du Venezuela.

Pendant qu'elle parle, la femme a déposé la seringue et a desserré sa prise sur l'épaule du garçon. Dans le regard de son frère, Océane lit la question: «Maintenant? Est-ce que j'y vais maintenant?»

Pendant un bref instant, elle hésite à hocher la tête. Puis, il est trop tard.

— Avez-vous vraiment besoin d'allumer toutes les lumières? grogne le concierge en pénétrant dans la salle avec son habituelle irritabilité.

Sans attendre de réponse, il se dirige vers l'autre extrémité de la pièce, dans la section où un divan et deux fauteuils entourent une table basse remplie de revues.

Le silence s'installe parmi les admirateurs de papillons. Maria resserre de nouveau son emprise sur Ulrich. Et à cet instant, Océane voit avec horreur que la main libre de la femme est aussi revenue se fermer sur la seringue pleine de formaldéhyde.

— Qu'est-ce que vous avez apporté ? Des insectes ? Mon neveu en collectionne ; moi, je n'ai pas de patience pour ça.

Jules, qui semble parfaitement inconscient de la tension, parle rapidement d'un ton passant tour à tour de l'ennui à l'intérêt. Tout en conversant, il s'est dirigé derrière la table, là où un empilement de chaises pliantes est appuyé contre le mur. L'une d'elles n'est pas rangée et, lorsque le petit homme la saisit, la réceptionniste se relève tout en conservant sa prise sur le garçon obligé de se redresser. Elle recule d'un pas, entraînant Ulrich qui se retrouve alors devant elle, solidement maintenu contre son corps.

— N'approchez pas !

Le concierge se retourne, affichant un air de surprise mal feint.

— Qu'est-ce que vous faites, Maria ? Laissez ce petit, vous lui faites mal.

L'homme avance d'un pas vers elle ; elle recule. Un autre pas, suivi d'un autre pas de recul. Le mur se trouve juste derrière la femme et l'enfant, et le concierge se montre décidé à intervenir.

— C'est vous qui lui faites mal, riposte Maria pendant que sa main glisse lentement sur la gorge d'Ulrich. Reculez, sinon je n'hésiterai pas!

— Non, Maria, intervient doucement Océane, autant pour calmer la femme que le concierge.

Puis, sans réfléchir, elle ajoute:

— Ne faites pas de mal à Éric!

Le concierge et la réceptionniste s'immobilisent. Pendant un moment, la jeune fille songe qu'il y a encore un espoir de raisonner Maria, puis elle entend Mathieu, Jean-Luc et Robert faire irruption derrière elle.

La tentative d'Océane d'amadouer la ravisseuse devient aussitôt stérile. Si Maria a paru ébranlée par sa dernière remarque, c'est maintenant terminé. Alors qu'elle craint que tous ces renforts ne leur soient nuisibles, Jean-Luc essaie de discuter avec la femme:

— Pensez aux risques. Vous ne voulez pas lui faire de mal.

— J'ai dit de reculer. Vous n'avez rien à faire ici. RIEN! hurle l'employée.

Le concierge décide finalement de faire marche arrière tandis qu'Ulrich, qui agrippe le poignet de sa ravisseuse de sa main gauche, tente de s'exprimer.

— Vous… vous me faites mal, Ma… ria.

— Laissez le petit, Maria, implore presque Jean-Luc.

Pour toute réponse, la réceptionniste, blanche de rage, brandit la seringue devant tout le monde, comme pour indiquer que personne ne peut rien contre elle.

— Je vous en supplie! Laissez partir Éric! se risque de nouveau Océane qui croit apercevoir une pointe de nostalgie dans les yeux de la secrétaire.

Au même instant, Ulrich décide que le moment d'agir est venu. Incapable de supporter l'idée de se voir injecter du formaldéhyde, il choisit de tenter le tout pour le tout. Puisant sa force dans le regard encourageant de sa sœur, le garçon contracte sa main droite dans laquelle il a conservé l'aiguille qui a troué son chandail. Lorsque le concierge est arrivé, il a senti l'attention de Maria le quitter et s'est discrètement emparé de l'aiguille laissée sur la table.

À présent, agissant grâce à la poussée d'adrénaline générée par la peur viscérale qui circule dans ses veines, le garçon remonte son poing droit et porte un coup violent à la main qui le retient. Sa poigne est ferme et il sent la tige effilée s'enfoncer dans la chair. La réaction de sa ravisseuse est instantanée: elle relâche sa prise et Ulrich se laisse alors tomber sur le sol pour rouler sous la table.

— Aaaïïïeee!

Le cri de douleur s'éternise pendant que la secrétaire lâche la seringue pour agripper la fine tige de huit centimètres. L'aiguille, solidement plantée dans le dos de sa main gauche, semble la narguer. En tirant, elle réussit à s'en débarrasser au moment où le concierge se précipite pour récupérer la seringue au sol. L'employé recule presque aussitôt pour laisser place à Robert Gélinas.

Le fils imposant du vieux résident n'a besoin d'aucune force pour maîtriser la femme déséquilibrée qui menaçait Ulrich à peine quelques secondes plus tôt. La secrétaire s'écrase lourdement par terre. Repliée sur elle-même, elle se met à sangloter pendant qu'un filet de sang coule de sa main. Ses cheveux recouvrent son visage et son corps tout entier est secoué de soubresauts.

Océane et Mathieu entourent Ulrich, qui les a rejoints, de leurs bras réconfortants et s'éloignent au plus vite du lieu du drame, qui s'est finalement dénoué comme aucun d'eux n'aurait pu l'imaginer. Derrière eux, le vieux résident les suit, laissant son fils et le concierge avec la secrétaire effondrée. Les policiers sont en route ; plus rien ne les retient.

16

Les heures qui suivent l'effondrement de Maria se déroulent comme dans un film hollywoodien. Si Océane s'est toujours sentie impliquée pendant ces dernières journées intrigantes à la résidence, elle n'est désormais plus qu'un témoin à interroger. Un témoin qui doit faire preuve de beaucoup de patience.

Grâce à l'appel de Berthe, les policiers arrivent sur les lieux quelques minutes après la capitulation de la réceptionniste. C'est également l'infirmière qui a conseillé au concierge d'aller jeter un coup d'œil au sous-sol. Mathieu, qui connaît bien l'édifice, a quant à lui songé à la salle des employés après avoir inspecté la cafétéria.

Une fois sur place, les policiers s'empressent de prendre en charge les quatre personnes mêlées à ce malheureux imbroglio. Chacun est installé dans une pièce différente. Ils tiennent à ce qu'Océane soit séparée de son frère. Une infirmière s'occupe du garçon pendant que leurs parents, appelés d'urgence, sont en route.

La priorité est de recueillir tous les témoignages. Chaque personne interrogée est contrainte de faire sa déposition seule. Pour les mineurs, les agents attendent qu'un parent soit présent.

Il est dix-neuf heures passé lorsque les familles peuvent enfin quitter la résidence. Pendant tout ce temps, Océane est demeurée seule ou avec son père. Celui-ci a donc pris connaissance des événements qui se sont déroulés les deux semaines précédentes, au fur et à mesure que sa fille en faisait le récit au policier. Dans la pièce voisine, Ulrich se prêtait au même exercice en compagnie de sa mère. Sa sœur ne l'enviait pas. Nathalie devait être stressée par tout ce qu'elle entendait.

Ulrich les attend déjà près de l'entrée avec sa mère lorsque père et fille sortent du bureau de la direction transformé provisoirement en salle de déposition. Océane aperçoit sur sa droite un policier qui discute avec une grande femme mince et brune. Probablement la mère de Mathieu, déduit-elle. Elle espère sincèrement que cette affaire ne nuira pas à la probation du garçon qui n'a rien fait de mal. Tout comme eux, d'ailleurs. L'agent lui a tout de même reproché d'avoir mis le nez dans une affaire où ils n'auraient jamais dû s'immiscer, ce que son père a vivement approuvé.

Le jeudi, Océane est la seule des enfants Beauchamp à se rendre à l'école. Elle a mal dormi et se sent épuisée. Néanmoins, la décision de sa mère, étonnamment calme vu les circonstances, est sans appel.

— Ce n'est pas toi qui avais une seringue de poison à un centimètre de la gorge. Tu as treize ans et, si tu es assez grande pour faire courir de tels risques à ton frère, tu peux remplir tes autres obligations.

— Nathalie, on a dit qu'on prendrait la journée pour discuter de tout ça, intervient son père, qui a visiblement un plan bien arrêté pour éviter que la tempête ne retombe sur ses enfants.

— Oui, je sais. Mais Océane, elle, doit s'acquitter de ses responsabilités d'étudiante.

— J'y vais, j'y vais…

L'adolescente se dirige vers sa chambre. En passant devant celle de son frère, elle prend soin de ne faire aucun bruit pour ne pas le réveiller. Elle regrette de l'avoir entraîné, bien malgré elle, dans cette histoire. Ce n'était pas un choix conscient. Tout s'est enchaîné si rapidement.

En ce matin nuageux, Océane opte pour un pantalon et un chandail beige très confortable, s'observe dans la glace, puis décide d'ajouter une mince écharpe fuchsia pour égayer sa silhouette. Se vêtir n'aura jamais été aussi rapide, constate-t-elle avec un sourire détendu.

Dans l'autobus, la tête appuyée contre la fenêtre, elle s'assoupit presque. La nuit n'a pas été des plus reposantes et la jeune fille imagine qu'elle aura de la difficulté à suivre le cours d'éthique de première période.

Avant de ranger son cellulaire dans son casier, Océane remarque qu'elle a reçu un texto. En fait, trois messages sont entrés pendant le trajet jusqu'à la polyvalente, sans qu'elle s'en rende compte.

Il reste seulement deux minutes avant que la cloche sonne, aussi parcourt-elle rapidement les courts textos de Mathieu qui demande des nouvelles de la jeune fille et de son frère.

Ça va. Ul aussi. J'espère que t'as pas d'ennuis. Je dois aller en cours. Jte texte ce midi. O

L'adolescente éteint ensuite l'appareil et le dépose sur l'étagère de son casier. Elle se glisse parmi les autres élèves qui montent vers leur salle de cours, un sourire aux lèvres.

O

Les événements survenus à la résidence du Grand Chêne ont écourté le stage d'Océane. Cette décision n'aura pas de conséquence sur sa note puisque la jeune fille, avec son zèle, avait déjà accumulé plus que le minimum d'heures requis. Il ne lui reste qu'à rédiger un compte rendu portant sur les effets positifs de son atelier sur les gens à qui elle a proposé son aide.

Le vendredi, le temps maussade des derniers jours a laissé place à un ciel resplendissant. Océane Beauchamp et Nathalie Clément se rendent au Grand Chêne sous un soleil éclatant.

En se dirigeant vers la chambre de Jean-Luc Gélinas, elles sont saluées par quelques résidents ravis de rencontrer la mère de la gentille bénévole. Lorsque ceux-ci apprennent que la jeune fille a terminé ses activités, ils affichent une moue peinée. Plusieurs lui demandent si elle passera les voir à l'occasion.

— Oui, oui. Promis ! ne peut s'empêcher de répondre Océane en jetant un regard à sa mère qui ne la contredit pas.

Une fois parvenue au numéro 316, Nathalie Clément frappe trois coups secs à la porte, puis arbore un sourire poli. Au lieu du traditionnel « Entrez » auquel l'adolescente est habituée, la poignée tourne et la porte s'ouvre sur le fils du résident. Robert Gélinas les fait aussitôt entrer.

— Océane ! Comment vas-tu ? se réjouit Jean-Luc.

— Ça va bien ! Très bien ! le rassure vivement la jeune fille en souriant. Je vous présente ma mère.

— Nathalie Clément. On s'est aperçus l'autre jour, mais pas vraiment parlé. Je tenais à faire votre connaissance.

Le regard de sa mère s'attarde sur le vieil homme en fauteuil roulant. Océane retient son souffle. Le comportement de la femme est difficile à prévoir dans ce genre de situation où elle ressent un irrésistible besoin de faire la leçon aux gens.

— Évidemment, enchaîne Jean-Luc. Je vous présente mon fils, Robert. Vous avez des enfants très bien élevés. Je tenais à vous le dire. Comment va Ulrich ?

— Très bien… étant donné les circonstances. Il est de retour à l'école aujourd'hui. C'est plutôt mon mari et moi qui sommes… comment dirais-je… sonnés, perturbés par les événements qui sont survenus ici.

— Maman…, tente Océane avant d'être aussitôt arrêtée par la main levée de sa mère qui lui intime de la laisser parler.

— Je vous comprends, madame. Je vous assure. Et je vous présente toutes mes excuses.

Finalement, la discussion entre Jean-Luc et Nathalie tant appréhendée par la jeune fille s'avère tout ce qu'il y a de plus cordiale. Monsieur Gélinas est un homme intègre, quelqu'un de droit. Il laisse la mère de l'adolescente exprimer ce qu'elle a sur le cœur, l'écoutant avec soin, puis il raconte, sans rien cacher, comment il a emmené les jeunes avec lui dans cette aventure et à quel point il le regrette. Cette attitude franche apaise beaucoup la femme. Et c'est dans une atmosphère détendue, presque amicale, qu'Océane et sa mère obtiennent les derniers éclaircissements sur cette histoire d'incidents cruels.

Maria Boudrias est une femme célibataire qui, jusqu'au mois précédent, vivait avec son frère handicapé, Éric. Leurs parents étant morts depuis plus de vingt ans, Maria était la seule proche pouvant aider l'homme de quarante-quatre ans, au quotient intellectuel limité. Éric passait ses matinées dans un centre de jour pour personnes handicapées où il pouvait faire de l'artisanat, socialiser, et même s'adonner à un peu d'activité physique. Après le dîner, un transport spécialisé le ramenait chez eux où une femme veillait sur lui. C'était un bon bougre ; il n'était pas difficile à garder, surtout l'après-midi, où il regardait des programmes pour enfants à la télévision.

Puis, le mois dernier, la gardienne qui s'occupait de lui depuis dix ans a pris sa retraite. Maria n'arrivait pas à trouver une autre personne qui accepterait un cas comme son frère, d'autant plus que l'homme avait également des problèmes de scoliose qui s'aggravaient avec l'âge et réduisaient sa mobilité. C'est pourquoi sa sœur avait pris l'habitude de l'emmener souvent l'après-midi à la résidence du Grand Chêne. Sa présence était bien perçue. Du moins, d'après ce qu'Océane avait constaté, les premières semaines de son stage. Désormais, Maria assumait seule toutes les tâches pour s'occuper de son frère et, devant l'insistance des services sociaux, elle avait dû consentir à le placer de façon permanente.

— Je me souviens bien d'Éric, l'interrompt Océane. Je l'ai vu à plusieurs reprises au début. Une fois, il semblait même écouter mon atelier avec attention. La résidence pourrait le laisser venir ici tous les après-midi. Est-ce que c'est pour ça que Maria a perdu les pédales? Elle s'ennuyait trop d'Éric. Ulrich devait lui rappeler son frère quand il était jeune...

— Océane, tout ne va pas s'arranger aussi simplement, intervient Nathalie. Maria a commis une offense grave en s'attaquant aux gens. Elle ne reviendra pas travailler ici, c'est certain.

— De toute façon, la situation est bien plus sérieuse que vous pensez. Laissez-moi finir, reprend Jean-Luc. Comme tu le sais, Éric est donc parti vivre dans une résidence. Maria aurait voulu que son frère soit accepté au Grand Chêne, seulement le centre est réservé aux personnes du troisième âge. Pas d'exception possible, même pour la famille d'une employée fidèle. Éric a donc été admis dans une résidence différente à l'autre bout de la ville. Et dès la première semaine, un accident bête s'est produit à l'établissement qu'on avait jugé le mieux adapté aux besoins du frère de Maria. L'endroit possède une très bonne réputation et, avec le temps, la situation aurait pu profiter à la sœur et au frère. Malheureusement, le séjour a été interrompu prématurément.

— Éric Boudrias est décédé après une chute à la cafétéria, leur révèle Robert Gélinas. C'était la faute de personne. On ne sait pas au juste comment c'est arrivé. Il est tombé bêtement, probablement à cause d'une table déplacée qui lui laissait moins d'espace. Ce n'était pas une mauvaise chute. Peut-être qu'il avait un autre problème physique inconnu.

— Peut-être que son heure était simplement venue aussi, commente Jean-Luc. Sa mort est un mystère. Mais Maria n'a pas pu l'accompagner dans ses derniers moments, c'est certain.

Le frère de Maria est mort. La nouvelle, brutale, est si définitive qu'Océane, ayant vu Éric il y a peu de temps, peine à croire qu'il ait vraiment disparu aussi subitement.

— Maria a perdu la tête avec toute cette histoire, continue le résident en pointant un index sur sa tempe. Personne n'a su ici pour le décès de son frère. Elle n'a pas dit un mot. N'a même pas pris une journée de congé.

— Pauvre femme ! s'émeut Nathalie Clément.

— Pauvre femme dangereuse, la corrige Robert Gélinas. Quoiqu'elle n'ait aucun historique d'agressivité ou de violence ; ils vont sûrement en tenir compte et la soigner. En tout cas, des accusations officielles ont été portées contre elle, alors la justice décidera de ce qui lui arrivera.

— On a forcé Maria à placer son frère et celui-ci est mort. Ouf ! Tout un coup, mais de là à s'attaquer aux résidents ! s'exclame Océane. C'est insensé. Je ne l'aurais pas crue capable de chercher vengeance en leur faisant peur ou même pire.

— Berthe a eu l'occasion de lui parler depuis sa crise de l'autre jour. Elle a dit que son discours était très confus, qu'elle semblait traumatisée par la disparition de son frère et qu'elle vivait probablement dans un état second depuis son décès.

— A-t-elle admis être responsable des incidents ? demande la jeune fille par curiosité.

— Comme Berthe nous l'a expliqué, Maria est parfois muette ; tandis qu'à d'autres moments, elle pleure ou devient hystérique. C'est difficile de lui parler.

— Dire qu'on croyait que Berthe ou Jules étaient nos coupables ! Sans leurs interventions, qui sait si Ulrich s'en serait sorti sain et sauf ? exprime l'adolescente.

— Vos craintes devant Jules et Berthe n'étaient pas fondées, relève Robert en regardant surtout son père. On a tous des squelettes dans nos placards, sans que ça fasse de nous des mauvaises personnes.

— Des squelettes ? répète Océane avec un sourire de dédain.

— C'est une expression, explique sa mère. Ça veut dire une action du passé dont on n'est pas fier, qu'on préfère garder cachée.

— En tout cas, Ulrich est un jeune garçon surprenant, commente Robert Gélinas. Il fallait de la détermination et énormément de contrôle pour réussir ce qu'il a fait. Subtiliser l'aiguille, choisir le bon moment, surmonter sa peur pour agir de façon aussi précise. Beaucoup d'adultes n'y seraient pas arrivés.

— C'est vrai, mais disons que j'aurais préféré qu'il ne coure pas ce risque, réplique

Nathalie Clément avec encore un peu de rancœur dans la voix.

Les deux hommes observent alors un silence compréhensif. Océane, qui a longuement discuté avec Ulrich, sait que son frère a eu très peur et qu'il ne se croit pas particulièrement courageux d'avoir réagi comme il l'a fait. Il a simplement suivi son instinct. Piégé dans un coin de la pièce, le garçon sentait que personne ne pourrait le rejoindre avant que Maria lui fasse vraiment du mal. Il n'avait pas le choix.

Au fond, le frère d'Océane est surtout déçu de s'être complètement laissé berner par Maria. Il n'a jamais eu le moindre doute sur la réceptionniste; pour lui, celle-ci était au-dessus de tout soupçon, et tellement gentille et attentionnée.

En réalité, cette journée fatidique a été doublement éprouvante pour Ulrich. En plus du drame qu'il a vécu, il a également perdu une partie de lui-même en devant faire le deuil de son talent de détecteur de mensonges. Sa croyance en ses capacités de sentir l'honnêteté des gens s'est évanouie. Tous ses succès passés se sont effacés devant une aussi grosse bévue.

Océane ne partage pas l'opinion d'Ulrich quant à la disparition de ses aptitudes. Pour elle, ce que son frère perçoit intuitivement est la malhonnêteté qui se dégage d'une personne cherchant à tromper quelqu'un ou à cacher quelque chose. Le cas de Maria était différent.

Elle souffrait et avait perdu la tête. Qui sait ce qu'elle pouvait ressentir, au fond?

Son frère possède probablement encore son impressionnante disposition à deviner les intentions des gens, mais l'adolescente se retient de le rassurer sur ce point. Les derniers jours lui ont montré qu'Ulrich se servait un peu trop de son talent pour obtenir ce qu'il voulait. Elle est heureuse que les circonstances aient semé le doute dans la tête du garçon. Retrouver un peu d'humilité lui fera le plus grand bien, elle en est convaincue.

— Et pour ces fameuses pièces de Scrabble? interroge Nathalie Clément. Est-ce que la réceptionniste en a parlé?

— C'est la partie la plus intéressante, raconte Jean-Luc, pendant que son fils roule les yeux vers le plafond. La police s'en est saisie puisque les jeunes ont juré les avoir trouvées sur place, alors que Maria, elle, n'a rien révélé à ce sujet.

— Vous disiez qu'elle était confuse...

— C'est sûr, mais pour ce qui est des pièces de Scrabble, elle n'a eu aucune réaction. Comme si elle ne comprenait pas de quoi il s'agit.

— Bizarre, réfléchit tout haut Océane. Elle les a mises, c'est certain, voyons. Elle les aurait placées, puis oubliées...

— Maria le savait sûrement. Elle voulait de l'aide, c'est naturel. C'est accepter de le dire, qui est difficile.

— Ou bien la partie d'elle-même qui voulait de l'aide, son subconscient, les a mises sans que son conscient le sache, propose Jean-Luc, ce qui lui vaut un regard admirateur de la jeune fille.

— Vous croyez que c'est possible ?

— Arrête, p'pa ! Tu recommences, s'interpose Robert.

— Ne t'en fais pas ; je n'essaierai pas de joindre Maria pour le lui demander !

— On ne sait jamais avec toi, plaisante son fils. Quand tu as quelque chose dans la tête…

— Et vous, Jean-Luc ? l'interroge alors l'adolescente en tournant les yeux vers les valises au pied du lit du résident. Vous partez en voyage ?

— Je l'ai décidé à venir avec moi aux États.

— Tu ne m'as pas décidé. J'ai choisi de t'accompagner. Un essai…

— Et les Anglais ? le taquine Océane. Comment allez-vous faire ?

— *My english is better than you both think. I'll surely find a Scrabble player down there. As long as we can agree to play bilingual on the board, I'll be fine.*

Océane s'esclaffe tout en serrant la main de Robert Gélinas, puis elle se penche pour faire l'accolade au vieil homme.

— Bonne chance, Jean-Luc.

— La chance n'a rien à voir là-dedans, réplique le vieux rouspéteur avec un sourire moqueur.

Sur le chemin du retour, le soleil déjà bas colore le ciel d'une infinité de nuances orangées. Océane s'en extasie silencieusement pendant que sa mère s'arrête pour commander une pizza extra large et extra viande.

— Pour se refaire des forces, justifie-t-elle.

Demeurée dans la voiture, la jeune fille en profite pour texter Mathieu. Sur l'écran, est indiqué «Fabrice» comme nom de contact à côté du numéro de cellulaire. C'est l'autre nom apparaissant sur l'acte de naissance de l'adolescent qui œuvre toujours à la résidence parce que, bien qu'il ait terminé son travail forcé, le concierge lui a proposé de venir l'aider après ses cours quelques jours par semaine. Contre rémunération, cette fois.

Les parents d'Océane ne lui ont pas formellement interdit de côtoyer l'aide-concierge du Grand Chêne. Heureusement, car l'adolescente n'aime pas leur mentir. Au lendemain des événements, sa mère a simplement dit:

— Ce Mathieu, c'est un délinquant. Il a l'air gentil, mais franchement, il est en probation, Océane! À quoi as-tu pensé?

La jeune fille n'a rien répondu, même si elle avait envie de répliquer qu'elle le jugeait sans le connaître. Elle a plutôt jeté un coup d'œil à son père pour tenter de déceler s'il partageait l'opinion de sa femme. Ses larges